L'ART

D'ACQUÉRIR LA SCIENCE

ET

D'APPRENDRE A ÉCRIRE

Propter Sion non tacebo,
et propter Jerusalem non quiescam. (ISAÏE.)

L'ART
D'ACQUÉRIR LA SCIENCE

ET

D'APPRENDRE A ÉCRIRE

PAR

L'Abbé J⁰ OLIVE

(De Cette)

Docteur en Théologie de l'Université de St-Thomas

MONTPELLIER

FÉLIX SEGUIN, LIBRAIRE, RUE ARGENTERIE

—

1873

Montpellier. Typographie de Pierre Grollier, rue du Bayle, 10.

PRÉFACE

Le cœur déchiré par la peine à la vue du grand nombre de ceux qui aujourd'hui n'étudient pas alors qu'ils le pourraient et le devraient ; plus affligé encore des maux lamentables que l'ignorance entraîne après elle, j'ai composé cet ouvrage pour engager à s'adonner à l'étude ceux qui, après avoir terminé leur éducation, ferment leurs livres et ne les ouvrent jamais plus ; pour guider ceux qui se livrent d'abord aux travaux intellectuels avec zèle et ardeur, mais qui, ignorant ce qu'ils doivent étudier et la manière d'étudier, se découragent bientôt ; puis, comme les premiers, s'abandonnent insensiblement à la paresse, dans laquelle ils languissent jusqu'à leur mort.

1

J'ose assurer que celui qui lira et mettra en pratique les conseils que ce livre renferme, possèdera au bout de dix ans une science vaste et profonde, et écrira avec un style correct, facile et agréable.

Plaise à Dieu que ce livre produise des fruits abondants !

Cette, le 31 mai 1873.

AVANT-PROPOS

I

A QUI S'ADRESSE CE LIVRE

Je voudrais adresser ce livre à tout homme qui sait lire et écrire, en particulier à tous ceux qui ont fait leurs études ; mais c'est là une chose à laquelle je ne dois point songer : car ceux qui savent lire et écrire seulement, ont un travail manuel ou d'une autre sorte qui ne leur permet pas de s'adonner à l'étude ; et parmi ceux qui ont fait leurs classes, la plupart, livrés entièrement au commerce ou à l'industrie, ne trouvant quelquefois pas même une heure par semaine dont ils puissent disposer, ne peuvent entreprendre des études qui demandent peu de temps, si l'on veut, deux ou trois heures durant la journée, mais qui nécessitent une assiduité constante de tous les jours, que rien ne doit interrompre.

En effet, douze heures d'étude par jour pendant une semaine, c'est beaucoup sans doute ; cela fait quatre-vingt-quatre heures ; mais si l'on cesse d'étudier, ces

quatre-vingt-quatre heures sont peu de chose , et l'on
a bientôt oublié ce que l'on a appris : tandis que si
l'on n'étudie que durant quatre heures , deux heures
le matin , deux heures le soir , mais constamment , au
bout d'une année on a donné à l'étude quatorze cent
soixante heures. Or, quel travail ne peut-on pas faire ,
combien de livres ne peut-on pas lire dans un nombre
d'heures si considérable !

Ainsi pour l'étude , comme pour n'importe quel travail, ce n'est point l'ardeur fébrile , la persévérance
pendant une semaine ou un mois qui peuvent donner
un résultat important , mais une constance inébranlable, une fièvre ardente , dont on est le maître pourtant, et qui ne lasse pas trop le corps, ni ne fatigue
point la tête de manière à oblitérer les organes qui
sont au service de l'intelligence ; mais ardeur, constance qui persévèrent pendant vingt, trente ans , durant toute la vie. Telle fut l'ardeur de Bossuet, composant des ouvrages jusqu'à sa mort ; telle fut la
constance de St Anselme, passant une partie de sa
vie en exil, et ne laissant pas que d'écrire des traités
sur les mystères de la religion , dans les monastères
où il séjournait quelque temps. Mais ce n'est point ici
le lieu de développer cette idée , dont on voit la vérité
et l'importance : j'aurai occasion , dans le cours de
cet ouvrage , de la traiter longuement.

Ce livre ne s'adresse donc pas à ceux qui savent
lire et écrire seulement , ni indistinctement à tous
ceux qui ont fait leurs études. Il ne s'adresse pas non
plus au jeune étudiant de douze , quinze , dix-huit
ans , qui n'a pas achevé encore son éducation. Sans
doute, ce jeune adolescent y trouvera des conseils qui

lui seront de la plus grande utilité; il y sentira à chaque page cette fièvre, cette ardeur pour l'étude, sans laquelle on ne peut faire un pas dans la carrière des lettres, qui enflammera son cœur et donnera à ses écrits du mouvement et de l'éclat qui lui assureront la première place dans ses compositions; enfin, la lecture de cet ouvrage fera naître en lui assurément la pensée d'en suivre plus tard les conseils avec fermeté et constance. Mais quelques grands avantages que ce livre procure à cet adolescent, ce n'est point pour lui en particulier que je l'écris.

J'écris ce livre pour ce jeune homme qui sort du collège ou du séminaire; qui a fini ses études de droit, de médecine ou de théologie; et qui, libre maintenant, rentre dans sa famille, gère ses affaires ou exerce sa profession, pouvant consacrer par jour un certain nombre d'heures aux travaux intellectuels.

Cependant cet ouvrage s'adresse plus particulièrement au séminariste, qui, après avoir terminé ses études de théologie, sort du séminaire et va dans un village ou dans une petite ville, ou bien encore dans une grande ville, exercer les fonctions du saint ministère.

Mais qu'on ne s'y trompe pas; les conseils que je donne étant généraux, comme l'étude de la théologie peut être remplacée par celle du droit, de la médecine, des sciences naturelles; et encore, comme il n'y a que de grands avantages à retirer pour la piété, la vertu, la science, à joindre aux sciences profanes l'étude de la théologie et la lecture des Pères, ce livre, en s'adressant au jeune prêtre, s'adresse à quiconque ayant du temps prend la résolution de ne goûter les plaisirs du monde qu'en passant, qu'autant que les convenances l'exigent, et se détermine à consacrer sa vie à l'étude et à la composition.

Est-ce à dire que mon livre ne sera utile qu'à ce jeune homme de vingt ou de vingt-cinq ans qui vient de terminer ses études ? Non. La science appartient à tous les âges ; elle est comme un grand fleuve qui traverse la plaine et arrose les terres de ceux qui pratiquent des canaux d'irrigation. A quelque moment que l'agriculteur creuse un canal, le fleuve donne ses eaux avec abondance : ainsi, à quelque âge que l'on ouvre un livre, la science verse abondamment sur vous ses trésors, ses bienfaits et ses plaisirs. Je dis plaisirs, car la science est pour l'homme ce qu'est une mère pour l'enfant qu'elle nourrit. La mère donne à son enfant une nourriture qui, en développant son corps, lui est agréable : ainsi la science nourrit notre esprit et réjouit notre cœur. L'étude et la science sont unis inséparablement avec le plaisir, comme l'âme est unie au corps ; et si les racines de la science sont amères, comme on l'a dit ; si quelquefois en étudiant l'on éprouve du dégoût et de l'ennui, ce dégoût et cet ennui ne font que passer, et même ne sont pas sans quelque contentement et quelque satisfaction.

Cet écrit s'adresse donc encore à cet homme de trente, quarante, cinquante, j'ajouterai de soixante ans, qui a conçu le dessein d'étudier par devoir, pour instruire ceux dont les âmes lui ont été confiées, ou afin de léguer avant de mourir à ses contemporains et à ceux qui viendront après lui ce je ne sais quoi qui agite son âme, tourmente son esprit, enflamme son cœur, et qu'il sent le besoin de communiquer aux autres. Si cet homme de soixante ans étudie pendant dix ans, quand il ne vivrait que jusqu'à soixante-quinze ans ou soixante-douze ans seulement, il peut, par un ouvrage qu'il composera à soixante-dix ans, être utile à ses descendants jusqu'au dernier jour du monde.

Comme on le voit, ce livre, écrit plus particulièrement pour le jeune prêtre qui sort du séminaire, s'adresse à quiconque a du temps pour étudier, et au jeune homme de vingt, vingt-cinq, trente ans, et à l'homme de quarante, cinquante et soixante ans.

J'ai dit que Bossuet avait composé des ouvrages jusqu'à sa mort, et il mourut à soixante-dix-sept ans ; je dois ajouter ce qui suit pour convaincre et persuader ceux qui ont souri peut-être en me voyant conseiller à un homme de soixante ans de se livrer à l'étude avec un zèle constant, d'étudier pendant dix ans, afin d'être à même, s'il a du talent, de prendre la plume à soixante-cinq ou soixante-dix ans, et de composer des ouvrages utiles à l'âme et à la société : Fénelon, dans la *Vie des philosophes*, qu'il écrivit pour le duc de Bourgogne, dit de Zénon qu'il commença d'étudier à trente ans ; qu'il suivit les cours de Cratès, ensuite de Stilpon, Xénocrate et Polémon pendant vingt ans, et qu'il ne professa qu'à cinquante ans.

Donc, à quelque âge que l'on soit parvenu, il est toujours temps, il est louable, il est nécessaire de vaincre sa paresse, de prendre un livre et d'étudier. Quand vous n'auriez pas assez de talent pour prêcher des conférences, des sermons remarquables, attirant autour de votre chaire des milliers d'auditeurs ; ou

bien pour écrire des ouvrages sur la théologie, la philosophie, le droit, la médecine, les sciences naturelles,
et obtenir une place distinguée parmi les écrivains,
étudiez, parce que cette loi du travail que Dieu a faite
est pour vous comme pour l'homme du peuple, qui
est obligé d'arroser la terre de la sueur de son front
pour gagner sa nourriture ; étudiez, car il vous sera
demandé un compte sévère du temps que vous perdez ; ne dédaignez pas les plaisirs, la joie, le calme,
la tranquillité, le contentement de peu de chose que
procure l'étude ; tracez-vous une règle ; ouvrez vos
livres et travaillez avec ardeur et persévérance.

O vous qui venez de lire ce qui précède, me direz-
vous que vous ne pouvez étudier, et que par conséquent mon livre n'est point pour vous, parce que
vous n'avez aucun goût pour la science et pour les
livres ?

Vous n'avez point du goût pour l'étude ? Eh bien,
c'est précisément à vous que mon livre s'adresse. Suivez les conseils qu'il renferme, et dans peu de temps
l'étude sera votre joie, votre bonheur, votre plaisir et
votre passion. Ouvrez Homère. Vous ne savez pas le
grec ou plutôt vous l'avez oublié ; prenez la traduction
de Mme Dacier ; vous ne lirez pas sans le plus grand
intérêt et plus grand plaisir, sans l'attendrissement le
plus doux, dans *l'Odyssée* : le voyage de Télémaque à
Sparte, le naufrage d'Ulysse avant d'arriver chez les
Phéaciens, son entrevue avec Nausicaa, le récit de
ses malheurs fait aux parents de cette princesse ; en
particulier, ses aventures dans la caverne du cyclope ;
ensuite son arrivée à Ithaque et le récit de la mort des
prétendants. Or, quand vous aurez passé auprès d'Ho-

mère racontant ensuite d'une manière simple, naturelle et sublime les combats des Grecs devant Troie, la colère terrible d'Achille, la prière si touchante de Priam, l'histoire du cheval de bois, le sac de la ville; quand, dis-je, vous aurez passé auprès d'Homère des moments délicieux, votre dégoût pour l'étude n'existera plus, et vous ne vous arrêterez point là. Vous lirez les odes de Pindare, les harangues de Démosthène, les œuvres de Virgile, le *Télémaque* de Fénelon; les épîtres, les satires et le *Lutrin* de Boileau, avec son art poétique et sa correspondance, dont l'esprit qui étincelle à chaque page vous fera tressaillir d'aise et sourire de plaisir.

Votre amour pour l'étude augmentant sans cesse, vous lirez ensuite les chefs-d'œuvre des langues tant anciennes que modernes, et après cette lecture, votre cœur vous demandera si impérieusement de communiquer aux autres les sentiments qui le remplissent et l'oppressent, que vous ne pourrez résister à ce besoin: vous prendrez la plume; vous vous exercerez longtemps, patiemment; vous brûlerez durant plusieurs années, et quelquefois en pleurant, vos écrits; mais un jour viendra où vous vous écrierez : C'est maintenant le moment d'écrire pour mes contemporains, pour les siècles à venir, les pensées qui roulent dans mon esprit, les sentiments qui remplissent et dévorent mon cœur.

J'entends un autre de mes lecteurs me dire : Moi, je n'éprouve pas du dégoût pour l'étude; mais je ne vous le cacherai pas, je suis paresseux : votre livre n'est pas pour moi. J'ai triomphé de ma paresse quand j'étais sur les bancs, à cause d'une punition que je redoutais, d'un examen qu'il me fallait passer ; maintenant que je suis libre, que je n'ai plus de maîtres autour de moi, que je puis aller, venir, me promener, faire des visites et en recevoir, cultiver mon jardin ; que j'ai même des occupations qui exigent plusieurs heures dans la journée ; maintenant surtout que je me rappelle presque avec colère les punitions et l'assujettissement du collége, surmonter ma paresse ! Non ; cela n'est point possible. D'ailleurs rien ne m'excite, et je suis entre les mains de la paresse comme la barque qu'un câble ne retient pas au rivage, qu'aucune main ne guide, et qui, seule dans le lit d'un grand fleuve, est emportée çà et là par le courant.

Eh bien ! c'est à vous aussi, en particulier, que j'adresse ce livre, car ceux qui aiment l'étude et s'y livrent peuvent par leur propre expérience, en perdant beaucoup de temps sans doute et après des efforts plus ou moins longs, trouver les moyens d'acquérir la science et d'apprendre à écrire. Mais vous qui n'étudiez pas, pouvez-vous acquérir la science et apprendre à écrire ? Lisez donc ce livre : les conseils qu'il renferme vous aideront à triompher de votre indolence et à vous livrer à l'étude. Car, songez-y ; eh ! vous ne le savez que trop ; chaque jour qui s'écoule vous enlève une partie de ce que vous avez appris pendant quinze ou vingt ans ; et, comme il faut peu de temps pour oublier les connaissances que l'on possède, pour que la facilité pour écrire n'existe plus ; que dis-je ? pour que les règles de la grammaire française, l'orthographe soient complétement oubliées ; songez-y, écrire une simple lettre sera bientôt pour vous une affaire importante ; vous suerez sang et eau ; et malgré toute votre application, votre grammaire et votre vocabulaire, votre lettre, ne serait-elle que de dix lignes, sera remplie de fautes de syntaxe, d'orthographe et de ponctuation.

Oui, c'est à vous en particulier, que j'adresse ce livre. Vous me dites que vous êtes paresseux : je n'en ai pas moins du respect pour vous. Vous avez lu mon livre jusqu'ici, j'ai pour vous plus que du respect, j'ai pour vous de l'estime et je vous aime. Je vais vous dire quels sont les moyens que vous devez employer pour triompher de votre indolence.

Continuez à ne pas étudier, si vous le voulez ; allez et venez, visitez vos amis et vos connaissances, cultivez votre jardin ; mais le soir, en vous mettant au lit, avant que le sommeil ne ferme vos paupières, dites ces paroles : « Il me faut vaincre ma paresse ; oui, il faut que je triomphe de ma paresse. » Prononcez ces paroles avant de vous endormir, pendant un, deux ou trois mois : quand vous prononceriez ces paroles pendant six mois sans aucun résultat, ne cessez pas de les redire ; car, n'en doutez pas, un jour viendra où vous vous lèverez avec je ne sais quelle force dans la volonté, et où vous direz : « Oui, il faut que j'étudie ! » et prenant vos livres, vous vous livrerez à l'étude avec une avidité insatiable.

Je ne demande pas que vous étudiez d'abord dix heures par jour. Pendant un an n'étudiez qu'une heure et demie, une heure le matin et demi-heure le soir. Lisez le matin les chefs-d'œuvre des écrivains du siècle de Louis XIV ; employez la demi-heure du soir au style ; lisez pour cela un alinéa du Télémaque ou des oraisons funèbres de Bossuet ; lisez une fois d'abord l'alinéa, puis cinq fois chaque phrase, enfin une fois encore l'alinéa ; faisant attention à la ponctuation , à l'orthographe , aux règles de la grammaire , à la propriété des termes , à la correction de l'expression , son naturel , sa force , sa beauté , sa cadence et son harmonie.

Est-ce que j'exige beaucoup de vous ? Est-ce trop, une heure et demie d'étude par jour ? Quand vous ne consacreriez aux travaux intellectuels que ce temps bien court , vous liriez dans moins de vingt ans les principaux chefs-d'œuvre des langues , et vous apprendriez à écrire avec facilité , noblesse et élégance.

Mais quand vous aurez étudié , pendant quelque temps , une heure et demie par jour, vous ne serez point satisfait. L'amour de l'étude pénètrera peu à peu dans votre âme ; il vous pressera, vous brûlera, vous enflammera : alors vous étudierez pendant quatre , cinq , six heures ; vous diminuerez le nombre de vos promenades et de vos visites , bientôt vous passerez vos jours et vos nuits dans votre cabinet d'étude ; vous étudierez pendant dix , douze , quatorze heures , et , goûtant au milieu de vos livres des délices inénarrables , comme ce savant qui passait ses jours et ses nuits dans sa bibliothèque occupé à étudier, vous écrirez sur la porte de votre cabinet d'étude : *Hic vivo et regno*. Ici je vis et je règne.

Oh ! alors quel ne sera pas votre contentement ! quelle ne sera pas votre joie ! Car, quand vous aurez étudié pendant cinq, dix, vingt ans, combien votre science sera grande, combien votre style sera facile et agréable ! Oui , quelle ne sera pas votre joie et quel ne sera pas votre bonheur ! En acquérant la science , vous aurez appris à être bon , simple, doux , modesté ; votre humeur sera égale ; vous aurez peu d'orgueil et de vanité, et personne ne pourra froisser votre âme, ou du moins vous faire sortir de votre calme et troubler votre douce et bienvaillante sérénité. Et votre détachement du monde, votre amour pour les choses du ciel croissant avec vos connaissances et votre zèle à les communiquer aux autres pour le bien de leurs âmes, votre place sera marquée dans le séjour des Saints, parmi ceux qui ont passé sur la terre instruisant leurs semblables et qui maintenant brillent dans le ciel comme les étoiles du firmament.

O vous qui n'éprouvez pour l'étude aucune ardeur ! le conseil que je vous donne est-il difficile à suivre ? Vous est-il impossible de dire le soir, avant de vous livrer au sommeil : « J'ai honte de mon indolence ; oui, il faut que j'en triomphe ? »

Pourquoi est-ce que j'attache tant d'importance à une parole prononcée le soir, avant de s'endormir ? C'est parce que le sommeil est un grand maître pour l'homme. Le sommeil est pour l'homme ce qu'est la terre pour le grain de blé que l'on jette dans son sein. Le grain de blé, sous l'influence de l'humidité de la terre, s'enfle ; puis, il pousse une tige qui plus tard devient un épi. De même le sommeil féconde les pensées, les sentiments, les désirs et les volontés que l'homme lui confie.

C'est cette vérité, que tous les philosophes ont admise après mille expériences, qui a fait dire à Buffon : « Il faut donner au sommeil sa tâche et le faire travailler. » Le sommeil élabore les pensées, les sentiments, les volontés, les désirs de l'homme, alors même que celui-ci n'y songe point : comme la terre fait croître et pousser et le grain de blé qu'on lui confie , et celui qu'on laisse par mégarde tomber aussi dans le sillon. Combien il est facile et agréable de faire travailler son esprit, son imagination, son jugement, alors que le corps repose ! Car, quand on a donné sa tâche au sommeil avec une attention modérée de l'esprit, ce travail de la nuit ne cause point de fatigue, ne trouble point le repos du corps et des sens. Combien il est doux et agréable de trouver le matin, en s'éveillant, la solution , l'idée , l'expression , ou bien le plan d'un ouvrage ou d'un discours que l'on avait vainement cherché la veille, ou bien encore de se sentir disposé à faire avec force et énergie ce pour quoi on éprouvait auparavant une répugnance invincible !

Ainsi ce livre s'adresse en particulier et à celui qui n'éprouve pour l'étude que du dégoût et à celui qui aime les livres et la science , qui voudrait étudier, mais qui ne peut surmonter sa nonchalance et sa paresse. Il s'adresse encore à celui qui n'étudie pas parce qu'il dit n'en avoir pas le temps , bien qu'il lui soit possible, au milieu de ses occupations, de trouver de longs moments pour l'étude. Je dirai à celui qui ne sait point trouver durant tout le jour quelques heures pour les travaux de l'esprit : Vous donnez au sommeil, huit, neuf heures , peut-être dix heures ; vous restez à table pour prendre votre nourriture deux ou trois heures ; vous mettez une heure pour vous habiller, demi-heure pour vous mettre au lit ; vous ne prenez le sommeil qu'après vous être tourné et retourné longtemps sur votre couche, parce que le travail de la journée ne vous a point lassé le corps, parce que vous avez dormi beaucoup la nuit précédente ; et après avoir consacré un temps si considérable au sommeil, à votre toilette, à vos repas, vous répétez sans cesse que vous n'étudiez pas parce que vos affaires ne vous le permettent pas, parce que vous n'avez pas une minute à vous ! Non, cela n'est pas ; la raison n'est pas de votre côté : je vais vous le prouver. Je vais vous montrer qu'il vous est possible, si vous le voulez bien, de trouver plusieurs heures à consacrer à l'étude, dans la journée même où vos occupations sont le plus nombreuses.

Je m'adresse à un prêtre ; il sera facile à un laïque de trouver pour se l'appliquer un exemple d'un autre genre.

Vous êtes vicaire ou curé. C'est un jour d'Adoration. Cette fête a lieu dans un village voisin, vous devez y assister. On vous a prié de dire la messe à huit heures. Vous avez des confessions à entendre chez vous avant votre départ. Vous vous levez à cinq heures ; à cinq heures et demie vous êtes au confessionnal ; vous en sortez à sept heures ; vous partez immédiatement. Vous avez cinq kilomètres à faire. A cause des confessions, après vous être habillé à la hâte, vous avez récité seulement la prière du matin. Vous allez à pied ; vous employez demi-heure pour la méditation, il vous reste demi-heure pour vous préparer à dire la sainte Messe. Or, cette préparation ne demandant qu'un quart d'heure, il reste quinze minutes. Voilà un quart d'heure pour l'étude.

Ne me dites pas que votre sacristain ou votre neveu vous accompagne, ou bien un paroissien, M. le Maire, qui a pour vous de l'amitié et vous est agréable ; vous priez ceux qui vous accompagnent de vous laisser seul pour votre méditation et votre préparation à la messe :

l'étude doit avoir dans votre règlement, non la première place, être préférée à la sainte Messe, l'office, la méditation ; mais si elle vient après les exercices de piété, elle doit être sur le même rang ; en sorte que, de même que vous ne vous livrez jamais au sommeil sans avoir récité votre bréviaire, dussiez-vous veiller bien avant dans la nuit, de même vous ne devez jamais passer votre journée sans consacrer quelque temps à l'étude.

Je poursuis. Vous arrivez au village où l'Adoration a lieu. Vous présentez vos respects à M. le Curé de la paroisse, à M. le Doyen, à vos confrères arrivés avant vous, et vous dites la messe. Après la messe vous faites l'action de grâce ; vous récitez devant le Saint-Sacrement les petites heures ; vous prenez ensuite une tasse de café ; vous causez encore un peu ; tout cela vous occupe jusqu'à neuf heures et demie. Vous n'avez rien à faire en ce moment, la grand'messe ne se chante qu'à dix heures ; à quoi consacrez-vous cette demi-heure ? Vous retournerez devant le Saint Sacrement ? c'est bien ; mais si vous donnez cette demi-heure à l'étude, je ne crois pas me tromper en disant que Dieu vous saura plus de gré d'étudier pour le bien de votre âme et pour le bien de ceux que vous devez conduire au ciel.

Voilà déjà un quart d'heure et une demi-heure pour l'étude.

Vous assistez à la grand'messe, vous adorez ensuite le Saint-Sacrement jusqu'à midi. Vous dînez ; vous retournez à l'église, où vous passez demi-heure. Il est deux heures : vous causez d'affaires avec M. le Doyen ou avec vos confrères que vous n'avez pas vus depuis la dernière conférence ; ou bien vous rencontrez à la sortie de l'église plusieurs de vos paroissiens qui sont venus assister aussi à la fête religieuse ; vous leur dites quelques mots d'édification ; vous les exhortez à prier Dieu pour eux, pour vous, pour ceux qui n'ont pu venir. Deux heures et demie sonnent ; demi-heure doit s'écouler jusqu'à vêpres ; que ferez-vous encore de cette demi-heure ? Ne devez-vous pas la consacrer à l'étude ? Vous le devez ; fuyez dans un coin du jardin ; allez sur la route ou dans un chemin tranquille, ouvrez votre livre ou bien méditez un sermon et écrivez-en le plan sur votre agenda.

Vous le voyez, cette demi-heure peut très-bien être distraite des occupations nombreuses de cette journée et être consacrée à l'étude : je la compte aussi.

Vous assistez à vêpres, au sermon ; puis vous revenez à votre village. Je vous accorde que vous revenez en voiture. Un de vos paroissiens, qui tous sont pleins d'estime et d'amour pour vous, parce que vous êtes bon, simple, charitable pour eux, plein de zèle pour le salut de leurs âmes, ne veut point absolument que vous retourniez à pied ; car, dit-il, vous devez être fatigué ; vous montez donc en voiture. Vous arrivez chez vous à six heures. Vos paroissiens n'ont pas besoin de votre ministère : pourquoi, dites-moi, n'étudieriez-vous pas jusqu'à sept heures, jusqu'à votre souper ? Je compte encore une heure pour l'étude.

Après votre repas, vous causez un peu ou vous faites de la musique ; ou bien vous arrosez votre jardin ; puis vous récitez le chapelet, la prière du soir et vous vous couchez à neuf heures.

Ainsi, dans la journée la plus remplie d'occupations, vous avez étudié pendant deux heures et un quart. Quand l'ardeur, la sainte ardeur de l'étude dévorera votre âme, il vous sera possible et facile, un jour même d'Adoration, de donner à l'étude quatre, cinq, six heures.

Mais est-ce que je veux que vous accordiez trois, quatre heures par jour à l'étude, vous qui êtes vicaire ou curé dans une grande ville, dans une paroisse de douze, quinze mille âmes; vous qui êtes médecin, qui voyez les malades des villages et des campagnes des environs? Aimez l'étude comme vous devez l'aimer, et il vous sera toujours possible d'étudier six heures par jour. Vous vous récriez ! Eh bien ! non, je ne vous demande pas quatre, cinq et six heures; je ne veux que deux heures, une heure le matin, une heure le soir, mais régulièrement, de manière que vous ne preniez jamais votre repos de la nuit sans avoir étudié pendant deux heures. Comme je l'ai déjà dit, deux heures suffisent pour acquérir dans dix, quinze ou vingt ans, une grande science; et si sur ces deux heures vous prenez un quart d'heure pour le style, ce quart d'heure suffit pour apprendre bientôt à écrire avec facilité.

Ne dites donc plus que vous n'avez pas le temps d'étudier, et que mon livre n'est pas pour vous : vous dormez huit heures, vous restez à table deux heures ; ne reposez que six heures, ne donnez à votre repas qu'une heure : voilà déjà trois heures pour l'étude. Prenez donc ce livre, lisez-le avec attention ; cette lecture ranimera et excitera votre volonté engourdie, et vous fera prendre enfin la résolution d'étudier.

Tandis que j'achève l'alinéa précédent, beaucoup de mes lecteurs me disent : « Il est évident qu'on peut donner toujours deux heures au moins, par jour, à l'étude ; mais quand l'on est dérangé à chaque instant et que l'on ne peut compter régulièrement sur plusieurs heures ; quand on n'a que des moments coupés, il est impossible de se livrer à l'étude avec ardeur et surtout avec une constance inébranlable.

Cette objection paraît [forte et embarrassante : elle ne l'est pas pourtant ; on va le voir. S* Ambroise, S* Augustin, S* Jean Chrysostôme, eux qui, dans leurs diocèses, étaient évêques, curés et vicaires, car ils faisaient le catéchisme tous les jours, ont su trouver du temps pour étudier et composer leurs nombreux et immortels ouvrages. Voyez tous les écrits qu'a laissés Cicéron, malgré les occupations sans nombre de sa vie politique. Ainsi, votre objection n'en est pas une ou plutôt elle prouve contre vous ; vous pouvez étudier comme ont fait ces Pères, comme Cicéron. Saisissez avec avidité les minutes que votre ministère vous laisse ; les minutes font les heures. Couchez-vous à neuf heures, levez-vous à quatre ; sept heures de sommeil suffisent : il vous sera aisé de trouver deux heures au moins pendant le jour pour donner à l'étude.

Si ce livre s'adresse à ceux qui ont peu de temps pour l'étude, il s'adresse à plus forte raison à celui qui, ayant toute la journée à lui, ne sait à quoi employer le temps et s'ennuie. Que celui-là que l'ennui dévore prenne ce livre et qu'il en suive les conseils : quand il aura étudié pendant plusieurs années, quand il aura lu avec plaisir, avec fièvre, avec enthousiasme les chefs-d'œuvre des âges d'or de la littérature, il ne saura plus ce que c'est que l'ennui ; il ne connaîtra plus cet ennemi cruel de l'homme qui n'étudie pas et qui ne sait à quoi employer son temps. Quand il voudra surtout s'exercer à écrire, à transmettre aux autres ses idées et ses sentiments, alors il regrettera que le temps passe d'une manière aussi rapide, il diminuera les heures de son sommeil; et quand, pour faire reposer son esprit, il ira se promener dans la campagne ou visiter ses amis, le temps, qui autrefois s'écoulait pour lui avec tant de lenteur et d'amertume, passera alors avec un charme indéfinissable; il le comptera pour en retarder la marche en quelque sorte; il se dira avec joie et bonheur : Encore une journée, tant d'heures à passer ici, auprès de cet ami, dans cette campagne si belle, dans ce vallon délicieux, au bord de cette rivière, dans ces bocages enivrants. Et quand le moment de la séparation sera venu, énumérant les plaisirs si doux qu'il vient de goûter, sa peine sera moins amère; car il en coûte de se séparer des objets que l'on aime; il dira : « Je reviendrai dans trois mois, dans six mois. » Et ce temps qui, au moment de la séparation lui paraîtra long, consacré tout entier à l'étude, s'écoulera avec la plus grande rapidité.

Donc, ô vous qui vous ennuyez, qui ne savez que faire de votre temps, prenez ce livre, faites en la lecture, adonnez-vous à l'étude, et rien n'égalera votre plaisir, votre bonheur, votre tranquillité sur la terre; vous ne regretterez, je le répète, que la rapidité avec laquelle vos jours s'écouleront désormais.

J'adresse aussi ce livre à ceux qui ont de grandes passions; qui aiment avec excès l'argent, le jeu; cherchent avec empressement et avidité les honneurs et les dignités, ou bien sont les esclaves de leur cœur et de leur chair. Oh! quel remède pour les passions que les livres! Qu'on lise les écrits des philosophes tant anciens que modernes, païens ou chrétiens, tous ont parlé de la puissance de l'étude sur les passions.

Non, on ne songe point au jeu quand les beautés d'Homère, les transports de Pindare, l'éloquence simple et sublime de Démosthène, la magnificence de Cicéron, la tendresse harmonieuse de Virgile, la parole d'or de St Jean Chrysostôme, le vol de l'Aigle de Meaux, le chant si doux du Cygne de Cambrai, la science étonnante de St Thomas, tour à tour, ravissent votre esprit, font battre votre cœur, et vous transportent d'enthousiasme! Alors la fureur pour le jeu s'évanouit; l'argent n'est plus rien pour vous; vous méprisez les places élevées, les honneurs et les dignités, vous ne les acceptez qu'après les avoir longtemps refusés, et uniquement pour la gloire de Dieu et l'utilité de vos semblables; vous triomphez de votre cœur, de la volupté si vous en êtes le triste esclave; votre corps n'est rien pour vous, vous n'avez plus en quelque sorte qu'une âme, vous êtes sur la terre comme un être spirituel, un ange. Oui, l'étude nous sépare en quelque sorte de notre corps, et l'on se sent porté à ne l'appeler plus que la bête, comme un cavalier dit : Ma bête, mon cheval. Mais que dis-je? l'étude fait plus encore; elle transfigure en quelque manière le corps de celui qui se donne à elle : et voilà pourquoi l'on est surpris, étonné, quand on se trouve en présence de l'homme aux longs travaux intellectuels; on est saisi en voyant en lui, dans ses yeux, sur son front, dans ses gestes, sa démarche, quelque chose qu'on ne peut définir, qui n'appartient pas à la matière, qui est au-dessus d'elle, et dont son corps est éclairé, illuminé, transfiguré.

Oui, l'étude constante transfigure le corps de l'homme, elle fait de l'homme sur la terre comme un être purement spirituel; et il s'échappe de son corps, ainsi que d'un corps glorieux, comme des rayons qui jaillissent, se projettent sur les autres hommes, embrasent leur âme et la captivent.

J'ajouterai le développement suivant, que les réflexions précédentes ont fait naître dans mon esprit :

L'homme qui étudie voit le nombre de ses idées diminuer en un sens, parce qu'il prend des choses des idées générales qui renferment les idées particulières ; et plus il avance dans la science, plus ses idées diminuent de cette sorte ; si bien que, plus il croît dans ce que j'appellerai *l'unicité des idées*, et plus il se rapproche de Dieu, en qui il n'y a qu'une idée, dans laquelle toutes les autres idées sont renfermées ; ou plutôt qui est son idée, l'idée infinie et simple à la fois, comme il est son essence et son existence. Or, l'âme et le corps étant intimement unis, l'âme se rapprochant de la Divinité, le corps est nécessairement entraîné ou plutôt élevé par elle, il se rapproche de son immatérialité et en participe en quelque manière. Quand l'âme, après avoir franchi les portes du temps, entrera dans l'éternité bienheureuse, et que le corps, sorti du tombeau, lui sera rendu, elle jettera sur lui ses rayons, et il sera transfiguré : l'étude fait, sur la terre, comme une ébauche de la transfiguration qui aura lieu après le jugement dernier.

Voilà la raison pour laquelle on voit s'échapper des yeux, du visage, du corps de l'homme d'étude, ce je ne sais quoi qui frappe, étonne, séduit, attire, et qu'on ne peut définir, parce qu'il est au-dessus de la matière.

C'est donc à vous aussi que j'adresse ce livre en particulier, à vous qui avez des passions qui vous coûtent de si grands efforts quand vous voulez leur résister; qui vous causent tant de contrariétés, d'ennuis, de dégoûts, d'amertumes quand vous leur cédez et que vous vous abandonnez à elles. Lisez ce livre, étudiez, et vos passions diminueront de jour en jour ; vous triompherez d'elles sans peine, vous vous élèverez au-dessus de la matière, vous vous rapprocherez de la Divinité, tandis que votre corps participera de la spiritualité de votre âme.

Dois-je adresser ce livre à ceux qui ont peu de talent ? Oui, j'adresse ce livre à ceux qui n'ont pas été favorisés par la nature quant aux dons de l'intelligence. Car, de quelque peu de talent qu'un jeune homme ait été doué, en étudiant avec constance et fermeté, il acquerra assurément un certain nombre d'idées, et il apprendra à les exprimer d'une manière correcte et élégante. Je parle à ceux qui ont fait leurs études. Or, leurs travaux intellectuels leur ont prouvé que, quelque peu développé que fût leur talent, ils n'ont pas laissé que de pénétrer dans les difficultés de la science et d'acquérir de nombreuses connaissances.

Une autre raison doit porter à étudier celui qui a peu d'inteligence. Ceux qui ont reçu une grande facilité de compréhension, passent pour la plupart leur vie dans la paresse ; que celui-là donc qui a été peu favorisé par la Providence étudie, il s'élèvera au premier rang et rendra les plus grands services.

Mais une considération plus importante encore doit engager le jeune homme qui a peu de talent à se livrer à l'étude.

On remarque tous les jours, non sans quelque étonnement, mais on ne peut nier ce fait, que celui qui, durant ses classes, a été considéré comme ayant un talent médiocre, a vu le degré de sa capacité intellectuelle se développer à l'âge de vingt-cinq, trente ans. C'est là ce qu'ignorait le supérieur du Petit Séminaire de A..., lorsqu'après avoir parlé à M. le Marquis de X... de ses deux autres enfants, il lui disait de celui qui devait prendre une part si brillante aux combats de Crimée, vaincre en Italie : « Pour N... vous ne pourrez en faire qu'un prêtre. » Je pourrais citer mille exemples à l'appui de cette assertion. Il y a un grand nombre de talents qui ne se développent que très-tard. « Pour Colin, c'est un bon garçon qui ne dira jamais du mal de personne. » Ce sont là les paroles de M. Boileau touchant son fils, le célèbre satirique. Le notaire chez qui on avait placé J.-J. Rousseau, ne disait-il pas de lui qu'il n'était qu'une bête. J.-J. Rousseau a émis un grand nombre d'erreurs, mais qui lui refusera le génie ?

Ainsi, pour un grand nombre, le talent ne se développe qu'à un certain âge. Lisez donc ce livre et mettez-en les conseils en pratique, vous qui croyez avoir peu d'intelligence, vous dont les maîtres ont proclamé l'incapacité, afin que votre talent se montre, si Dieu a voulu qu'il ne se développât que plus tard. Si votre talent ne se développe pas d'une manière remarquable, par le travail qui vient à bout de tout, comme a dit Virgile :

Labor improbus omnia vincit;

vous acquerrez une grande somme d'idées qui vous feront marcher à la tête des hommes de votre siècle qui n'ouvrent plus leurs livres après leur sortie du collége, et oublient bientôt ce qu'ils ont appris.

J'ajouterai encore la considération suivante : Dites-moi, vous qui, en voyant ce livre, avez prononcé cette parole : « Ce livre n'est point pour moi, parce que j'ai trop peu de capacité; je ne puis pas employer mon temps à des études qui ne produiraient aucun fruit. » Votre intelligence est bien plus développée maintenant qu'elle ne l'était lorsque vous avez commencé d'étudier, à neuf ou dix ans ? Si, à l'âge auquel vous vous abandonnez à la paresse, à vingt-cinq ans, vous recommenciez vos classes, ne seriez-vous pas le premier parmi les élèves de votre cours ? Vous en seriez aussi le premier en seconde, en rhétorique, en philosophie, ou du moins vous seriez parmi les premiers. Cela posé ; répondez : à quel degré de science ne peut point parvenir un élève remarquable de rhétorique, de philosophie, si, après avoir terminé ses études, il étudie pendant quinze, vingt ans ?

Pesez cette raison, donnez-lui le développement que le plan de cet ouvrage ne me permet pas de faire, vous lirez ce livre et vous ferez ce qu'il recommande. Je sais qu'il y a un degré au-dessus duquel telle intelligence ne peut s'élever; mais si vous n'êtes pas le Bossuet de votre siècle, vous serez une lumière éclatante, *lucerna ardens et lucens,* répandant les rayons de la Vérité divine, au milieu des ténèbres où notre siècle s'enfonce de plus en plus.

J'adresse encore ce livre à ce jeune homme doué d'intelligence et d'imagination, qui n'est point paresseux, qui n'éprouve point du dégoût pour l'étude ; qui étudie même, mais dont le travail intellectuel se

borne à la lecture d'un ou de deux journaux quotidiens, d'un recueil hebdomadaire ou mensuel, de
brochures qui paraissent; qui écrit même, mais rarement.

Mon livre s'adresse à vous, ô jeune homme de
vingt, vingt-huit, trente ans, à l'intelligence vive,
à l'imagination ardente, au cœur sensible, au jugement sûr, qui avez acquis quelques idées et avez appris
à les exprimer avec facilité et élégance; qui avez même
de la réputation comme écrivain, comme prédicateur.
Car, je vous le déclare, et l'expérience vous le prou-
vera avec la dernière évidence, si vous voulez l'inter-
roger dans les autres et dans vous-même un peu plus
tard : vous n'acquerrez jamais la science, vous perdrez
bientôt les connaissances que vous avez acquises; et
si vous n'écrivez journellement, dans peu de temps
vous ne le saurez plus; vous n'exprimerez vos idées
qu'avec la plus grande difficulté; vous oublierez même
votre grammaire et votre orthographe, si vous continuez à borner vos études à la lecture de journaux
quotidiens et de revues mensuelles.

En effet, répondez. Que lisez-vous dans vos journaux et dans vos revues? Des faits et des appréciations
sur ces faits. Or, ces faits ne sont pas la science, ni ces
appréciations; et ces faits vous les oubliez bientôt,
vous oubliez plus vite encore les réflexions que vous en
avez lues. Si les journaux et les revues vous instrui-
saient; dites-moi, si vous les avez lus pendant cinq,
dix, quinze ans, quelle ne devrait pas être votre science?
Or, sur quoi êtes-vous à même de parler? Répondez.
Sur rien : ni sur la philosophie, ni sur la théologie, ni
sur l'histoire, ni sur les sciences naturelles.

Et vous allez comprendre pourquoi il en est ainsi. Qu'est-ce que la science d'une chose? C'est sa définition, sa division, la preuve de son existence, la description de sa nature, de ses attributs, de ses propriétés. Or, ni les journaux ni les revues ne font des traités, ne définissent, ne divisent, ni n'étudient la nature des êtres.

Vous avez lu l'appréciation d'un fait qui s'est passé en France sous le règne d'Henri IV; pouvez-vous parler sur l'histoire de France en général, sur telle époque? Connaissez-vous cette histoire? Un astronome a dit son opinion sur telle comète qui vient de paraître. Vous avez lu cette appréciation dans votre revue mensuelle. Vous vous trouvez dans un salon, au milieu d'une assemblée plus brillante que savante; vous parlez de cet astre. Vous donnez avec une facilité remarquable d'élocution, avec éloquence, les raisons qui font penser que c'est telle comète et non telle autre. On vous écoute attentivement, on vous admire. Mais, dites-moi, connaissez-vous l'astronomie? Oseriez-vous en parler comme vous le faites devant celui qui a étudié cette science pendant un mois seulement.

Ainsi, en lisant les journaux et les revues mensuelles, on n'acquiert pas la science; et qui n'acquiert pas la science, perd chaque jour le peu qu'il en possède. De même que le corps abandonne chaque jour insensiblement, quand il est sorti de la virilité, quelque chose de sa grâce, de sa beauté, de sa force et de sa vigueur; de même notre esprit, quand nous n'étudions pas, voit s'évanouir comme une fumée les idées que nous lui avons confiées. Quand on n'étudie pas la philosophie de cinq ans, que sait-on de cette science? On ne sait plus lire le grec, si l'on passe cinq ou six ans sans en ouvrir un livre. Quand on n'étudie pas sérieusement de dix ans, on ne sait plus rien. Je m'arrête, je ne puis développer davantage cette idée ; je ne pourrais dire, sans éprouver la peine la plus vive, ce que devient l'homme après avoir remporté durant ses classes les plus brillants succès, quand il passe vingt, trente ans, ne lisant que des journaux.

J'ai connu à Rome un prêtre français, avancé en âge, docteur en théologie et en droit-canon. Il paraissait avoir été doué, étant jeune, d'une grande intelligence. Il avait été précepteur dans une famille princière durant de longues années : occupé avec ses élèves, il n'avait point étudié sérieusement. Eh bien ! A soixante-huit ou soixante-dix ans, il ne savait plus rien. Sur ses cartes de visite on lisait : « Docteur en théologie, en droit-canon, chanoine honoraire, » car il était aussi chanoine honoraire ; mais quand on disputait philosophie, théologie, ou droit-canon dans le séminaire où il habitait, il gardait le silence ; il n'ouvrait la bouche que dans les intervalles où les séminaristes cessaient de parler pour se reposer ou chercher la réponse à une objection ; il ne manquait jamais de s'écrier alors : « Nous avons su cela dans le temps. » C'était l'unique parole qu'il répétait sans cesse, et qui faisait rire un peu les élèves.

Ce chanoine, ce docteur avait lu des journaux pendant toute sa vie ; il avait lu des revues mensuelles ; il avait lu les livres qui paraissaient sur les questions du jour ; mais il n'avait point lu des traités, des livres de science ; il avait oublié tout ce qu'il avait possédé autrefois d'une manière brillante : il avait été précepteur des enfants d'un prince ; il n'eût pas été choisi si l'on n'eût trouvé en lui du talent et de nombreuses connaissances.

J'ajouterai à ce que je viens de dire les paroles de Bossuet au Dauphin, fils de Louis XIV, dont il avait fait l'éducation. Cette citation achèvera de vous persuader, ô mon lecteur, supposé que vous ne le soyez pas encore. Car si Bossuet écrivait au Dauphin les mêmes paroles que je vous adresse, les paroles de l'Aigle de Meaux s'adressent à vous avec plus de vérité qu'au fils du grand roi ; un prince, un monarque, est plus à même de parler ou d'entendre parler science et de retenir ce qu'il a appris : « A quoi vous servirait d'avoir de l'esprit si vous ne l'exerciez pas, et que vous ne l'appliquiez pas ? Si vous n'exercez pas votre esprit, il s'engourdira, il tombera dans une espèce de léthargie ; et quelques efforts que vous eussiez alors envie de faire pour vous en tirer, vous n'y serez plus à temps. »

Donc, je dois le redire, ce n'est pas exercer son intelligence que de lire seulement des journaux et des revues ; le chanoine dont je viens de parler n'eût point vu ses connaissances s'évanouir ; il ne se fût point trouvé incapable de prendre part à une conversation scientifique et réduit à s'écrier par manière d'excuse : « Nous avons su cela dans le temps. » Il est vrai qu'il n'est point impossible de sortir de la léthargie dont parle Bossuet ; voilà pourquoi j'adresse ce livre à l'homme qui a cessé d'étudier depuis dix, vingt, trente ans ; mais on n'en sort qu'avec de grands et de longs efforts ;

O vous, qui avez de l'intelligence, mais qui en finissant vos études avez fermé vos livres pour toujours ; vous qui n'ouvrites jamais la *Somme* de St Thomas, ni St Augustin, ni Bossuet ; qui ne lisez que des journaux, faut-il vous donner d'autres preuves pour vous convaincre et vous engager à vous livrer à l'étude ? Non. Et pourtant je ne passerai pas outre encore. Je veux , afin de mieux vous persuader, vous parler de vos journaux, de vos revues, de votre bibliothèque remplie de livres magnifiquement reliés et que vous montrez avec plaisir, j'allais dire avec vanité, quand on vient vous visiter.

Vous consacrez beaucoup d'argent, dites-moi , pour recevoir un ou deux journaux , une ou plusieurs revues. Ces journaux, parmi lesquels ne sont pas peut-être l'*Union*, l'*Univers*, le *Monde*, mais le *Figaro*, et cette revue vous coûtent 60, 80, 100 fr. peut-être. Vous consacrez beaucoup de temps à les lire : une heure et demie ou deux heures par jour ; et ni votre argent , ni le temps que vous consacrez à cette lecture ne vous donnent la science ; que dis-je ? à cause de cette lecture vous n'étudiez et vous oubliez peu à peu ce que vous savez.

Écoutez-moi ; c'est pour votre intérêt que je parle et pour l'honneur de l'Église ; cessez d'envoyer de l'argent aux journalistes ; faites-vous prêter un journal quotidien , dont vous lirez les dépêches et parcourrez le reste des yeux seulement et rapidement , et achetez des livres de science qui vous rendront capable de travailler pour la gloire de Dieu et le salut des âmes , qui développeront votre intelligence et orneront votre esprit.

Vous avez du goût pour l'astronomie , c'est la science du P. Secchi, qui jette en ce moment tant de gloire sur l'Église et sur son ordre ; avec trois francs vous avez le traité d'astronomie de Delaunay. Lisez ce traité une heure par jour ; dans six mois vous voilà astronome. Vous pouvez alors parler astronomie, en causer avec autorité. Achetez ensuite un traité plus étendu de

cette science, auquel vous consacrerez encore une heure
par jour ; faites des résumés, émettez votre sentiment :
au bout d'un an et avec quinze ou vingt francs au plus
et une heure par jour, vous êtes savant en astronomie.
Consacrez, si vous le voulez, à l'étude des astres deux
heures par jour ; au bout de deux ans, quelle ne sera
pas la connaissance vaste et sûre que vous aurez de cette
science ?

Faites de même pour la botanique, la zoologie, la
minéralogie, au bout de dix ans, vous serez versé dans
l'histoire naturelle.

Mais vous n'avez que faire des sciences naturelles,
dites-vous en m'interrompant, une teinte de ces sciences vous suffit. Je le veux bien ; je vous loue même de ne
point vous adonner exclusivement à l'étude des sciences naturelles, si vous n'éprouvez point pour elles un
attrait irrésistible. Étudiez donc l'histoire, la philosophie, la théologie. Prenez la *Somme* théologique de
St Thomas. Lisez cet ouvrage, qui, après l'Écriture
Sainte, doit avoir la place d'honneur dans votre bibliothèque, je me trompe, qui doit être toujours sur votre
table d'étude ; lisez de la *Somme* deux articles par jour
seulement, si vous le voulez. Si vous n'avez jamais lu
cet ouvrage, il vous faudra une attention soutenue pendant cinq ou six mois ; mais après ce temps, vous avancerez dans cette étude avec la même facilité, le même
plaisir, le même charme avec lequel vous vous promenez dans un beau et magnifique jardin, et en parcourez lentement et avec joie les allées sablées et cou-
vertes d'une ombre agréable. Or, en étudiant St Thomas
deux heures par jour, en lisant par jour deux articles
seulement de la *Somme*, au bout de quatre ans et quel-

ques mois vous avez lu tout cet important ouvrage. Et alors, quelle n'est point votre science théologique ! Car tout ce qu'ont écrit St Augustin, les Pères de l'Eglise, Bossuet, se trouve dans le livre de St Thomas.

Ainsi vous consacrez beaucoup de temps et d'argent pour ne rien apprendre, et vous oubliez ce que vous avez appris avec tant de peine durant de longues années ; et vous venez de le voir, combien il faut peu de temps et d'argent pour acquérir une grande science ; car la *Somme* de St Thomas ne coûte que quinze francs.

Ne lisez donc des journaux que les dépêches, ne recevez plus de revues, prenez St Thomas, Bossuet, St Augustin ; alors vos livres ne pleureront plus dans votre bibliothèque. Car, quand j'entre dans votre cabinet d'étude et que je jette les yeux sur eux, je les vois tristes et je crois les entendre gémir.

Quand je vais visiter un homme qui a des livres et du temps pour étudier, et qui, après m'avoir montré sa grande et belle bibliothèque, s'assied, me parle de la pluie et du beau temps, de son jardin, de ses arbres et de ses treilles, et me montre avec évidence qu'il n'est pas instruit, je m'attriste ; car cet homme est comme Tantale dévoré par la soif et ne pouvant boire, parce que l'eau s'enfuit de ses lèvres quand il se baisse pour la prendre. Le malheur de celui qui, au milieu de ses livres, n'étudie pas, se contente de lire des journaux, est moins apparent, mais il est plus grand ; car Tantale plongé dans la rivière ne pouvait boire, parce que l'eau s'enfuyait de ses lèvres quand il se baissait ; tandis que l'homme dont je parle ne puise pas la science dans ses livres, non parce que ses livres s'éloignent de lui, mais parce qu'il ne veut pas les prendre, les ouvrir et les lire. La soif de Tantale était un châtiment; étudier, pour l'homme qui a du temps, est aussi un châtiment qu'il doit subir. C'est de plus un devoir dont il doit s'acquitter, et s'il a des frères à instruire et qu'il n'étudie pas, il est semblable à une mère barbare et dénaturée, qui ne voudrait point prendre de la nourriture, laisserait ses mamelles vides et ferait mourir dans les tourments de la faim l'enfant, fruit malheureux de ses entrailles maudites.

Que de réflexions ne pourrais-je pas ajouter à celles qui précèdent! Mais je me suis beaucoup étendu sur ce point, je me hâte donc de revenir à mon canevas et de poursuivre mon sujet.

Enfin, mon livre s'adresse à ce jeune homme intelligent, studieux, à la volonté forte et énergique, qui a compris que ce que l'on apprend au collége est peu de chose qu'on a bientôt oublié; que c'est lorsqu'on a terminé ses études qu'on doit les recommencer, afin d'acquérir une science vraie et solide, et l'habileté nécessaire pour la communiquer aux autres, et qui a résolu à vingt-cinq ans de travailler avec ardeur et constance.

Je dirai à ce jeune homme à l'âme grande et généreuse : Rien n'est louable, rien n'est grand, rien n'est sublime comme votre résolution! Pourquoi faut-il qu'ils soient si peu nombreux ceux qui à notre époque vous ressemblent et vous imitent, qui conçoivent un pareil projet et l'exécutent avec une intrépidité froide que rien ne peut ébranler?

Oui, rien n'est grand, rien n'est sublime comme votre projet! Vous avez compris combien il est nécessaire pour le monde, pour notre belle et malheureuse

France, qu'il paraisse des écrivains catholiques, pour réveiller et instruire notre siècle.

Donoso Cortès, ce célèbre orateur, qui est une des gloires de l'Espagne, disait un jour à la tribune que notre siècle présentait ce phénomène incroyable : qu'il allait à la civilisation par les armes et à la barbarie par les idées. Combien il disait vrai ! La plupart des journaux, le plus grand nombre des écrivains de nos jours, n'ayant presque aucune notion du christianisme et des vérités qu'il enseigne, entraînent le siècle à la barbarie par les idées; qui sont presque autant d'erreurs qui flattent les sens, plongent l'homme dans la matière, le font l'esclave de l'orgueil et de l'insubordination, et le poussent aux révolutions; en sorte que les gouvernements doivent user de la force armée pour retenir le monde dans la civilisation.

Voilà ce que disait à la tribune espagnole, il y a quelques années, l'illustre Donoso Cortès. Eh ! qui ne comprend ce raisonnement ! Combien malheureusement cela est vrai ! Mais il y a un moyen plus puissant que les armes, qui n'ont de force qu'un temps restreint; car le flot de la barbarie, montant toujours malgré elles, finit par les emporter aussi : ce moyen puissant ce sont les idées vraies, c'est la vérité enseignée par N. S. Jésus-Christ, son Église, ses prêtres et ceux qui suivent avec fidélité les préceptes évangéliques.

Eh bien ! c'est vous; vous, ô jeune homme généreux, qui foulez aux pieds les plaisirs de ce monde, même les plus doux et les plus innocents, dans cet âge où ils ont des attraits et des charmes irrésistibles; vous actif, ardent, dévoré de la soif de la science et des âmes, qui avez résolu d'acquérir une grande science, ayant pour base l'Évangile et la *Somme* de St Thomas ; c'est vous qui êtes appelé de Dieu pour résister au courant qui entraîne l'Europe à la barbarie. Ah ! ne soyez point infidèle à cette grande et importante mission ! Ce sont les apôtres et leurs successeurs, les évêques et les prêtres, qui ont arraché à la barbarie l'ancien monde par la prédication de l'Évangile, par leurs ouvrages immortels. De même, c'est vous, prêtre du Seigneur, vous, médecin, avocat, rentier, qui pratiquez la religion avec zèle et sincérité, qui devez empêcher les peuples de revenir au triste et lamentable état dans lequel ils gémissaient il y a dix-neuf siècles.

Ainsi, votre mission est importante, sublime, et les efforts que vous devez faire pour la remplir dignement doivent être constants, énergiques, surhumains. Prenez donc ce livre et suivez les conseils qu'il renferme ; il vous guidera sûrement par un chemin court et facile ; car le temps est précieux au delà de toute expression, quand il s'agit d'arrêter l'erreur et la barbarie et de prêcher la vérité.

Je croyais finir ici ce premier article de mon avant-propos. Je t'avais oublié toi, ô jeune homme si digne d'intérêt, qu'on ne peut s'empêcher d'aimer ! toi, talent méconnu ou bien méprisé, qu'on a jeté en quelque sorte dans un coin, comme une chose inutile ! Oui, pour toi aussi, j'écris ce livre. Chasse le découragement qui est entré dans ton âme. En quelque endroit que tu aies été jeté, relève la tête ; car tout ce qui arrive sur la terre, arrive selon les vues de Dieu. Prends ce livre et fais-en la lecture. Ce livre te conseillera, te pressera de te livrer à l'étude. L'étude, après l'amour de Dieu, est le remède souverain pour triompher du découragement, de la tristesse et de la peine. Tu trouveras dans les travaux de l'esprit les plaisirs les plus doux et les plus suaves, et tu béniras Dieu mille fois de t'avoir mis dans la solitude où tu as appris à aimer les livres, et où tu passes tes journées entières à étudier : goûtant cette paix, ce calme, cette tranquillité, cette douce joie, ce bonheur inaltérable, que l'on ne trouve pas le plus souvent dans le cœur de ceux qui occupent les grandes places et sont revêtus des dignités de la terre.

Quand la science que vous acquerrez ne devrait jamais vous servir pour l'utilité des autres, elle ne vous sera pas inutile. En étudiant, le temps s'écoulera pour vous agréablement et rapidement, et vous irez à l'éternité par un chemin qui vous paraîtra court et sera semé de roses. Familiarisez-vous donc avec les grands écrivains de Rome et d'Athènes, de notre grand siècle, avec les Pères, vous trouverez dans la lecture de leurs chefs-d'œuvre des délices infinies.

Puis, quelque affreuse que soit votre solitude, en quelque lieu reculé que vous habitiez, vous ne serez pas toujours seul : des amis, rares il est vrai, mais aimants et fidèles, viendront quelquefois vous visiter; vous aurez du plaisir à causer avec eux. Vous leur parlerez de vos travaux intellectuels; vous ferez frémir leur âme par votre amour pour la science, vos expressions fortes et animées ; par ce feu que l'étude allumera en vous, qui brillera, étincellera dans vos yeux; en même temps que vous les toucherez et que vous les attendrirez par votre douceur, votre bonté, votre bienveillance, votre simplicité, en particulier, par cette belle et mélancolique tristesse que répand sur l'homme de talent l'injuste persécution.

Mais qui a dit que vous passerez sur la terre une vie inutile aux autres? Qui vous a dit que dans dix, dans vingt ans, Dieu ne viendra pas vous prendre comme par la main, pour vous conduire sur la montagne et vous faire parler à son peuple? Chassez donc le découragement et la peine qui vous déshonorent. Vous êtes persécuté? Étudiez. Ah! comme l'étude élève celui qu'on voulait abaisser! Comme l'étude grandit, ennoblit, divinise l'homme de talent persécuté! Ranimez donc votre âme abattue; livrez-vous à l'étude avec ardeur et fermeté, afin que lorsque Dieu viendra frapper à votre porte et vous ordonnera d'aller vers la multitude pour rendre ses oracles, vous puissiez lui dire: « Me voici, Seigneur; j'ai fait ce qui a dépendu de moi pour m'instruire; en votre nom, j'annoncerai la vérité à votre peuple. »

Et, s'il plaît à Dieu, après vous avoir conduit dans une solitude sauvage et retirée afin que vous étudiez pour servir un jour ses desseins, de vous envoyer évangéliser son peuple, vous serez semblable alors aux prophètes de l'Ancien Testament, à Nathan disant à David: « *Tu es ille vir :* c'est toi, ô grand roi! qui as pris et égorgé la brebis du pauvre. » Et les pécheurs à qui vous prêcherez les vérités terribles et consolantes à la fois de notre sainte Religion, ne s'élèveront point contre vous; ils s'inclineront devant votre science, votre douceur, votre modestie, votre sainteté, devant la tristesse qui n'aura point quitté votre visage, et vous donnera, avec ce léger sourire qui erre sur les lèvres de l'homme d'étude, un charme indéfinissable : alors vous ramènerez à Dieu ceux qui l'avaient abandonné, et vous ferez connaître la vérité divine à ceux qui l'avaient oubliée.

Ainsi ce livre s'adresse à ce jeune homme qui vient de finir ses études, qu'il ait étudié la théologie, la médecine, le droit, les sciences naturelles ; qu'il soit prêtre, militaire, médecin, avocat ou propriétaire ; qu'il soit intelligent ou qu'il ait peu de talent ; qu'il soit actif ou indolent. Il s'adresse plus particulièrement au séminariste qui sort du séminaire et va dans une ville ou un village exercer les fonctions de vicaire , de curé ou d'aumônier.

Mais comme la science ressemble à la nature, qui renaît au printemps , se couvre de fleurs en été , produit des fruits en automne pour tous les âges , pour l'enfant que sa mère porte encore au bras et pour le vieillard , pour le jeune homme et pour l'homme fait : de même ce livre s'adresse encore à l'homme de trente, quarante, cinquante , soixante ans ; à ce vieillard de soixante-dix ans qui n'a plus que quelques pas à faire pour toucher au seuil de l'éternité. Que ce vieillard prenne un livre, qu'il lise , qu'il étudie : quand il bornerait ses études à la lecture répétée des psaumes de David , il sèmera de roses le chemin qui lui reste à parcourir, et, loin de s'affliger en voyant ses forces décroître, loin de craindre et de redouter la mort, sachant que c'est elle qui ouvre les portes du ciel, il la désirera, il l'appellera et la nommera *son bien.*

II

N'EXISTE-T-IL PAS DE LIVRES DONNANT DES RÈGLES POUR ACQUÉRIR LA SCIENCE ET APPRENDRE A ÉCRIRE ? — NE SUIS-JE PAS TROP JEUNE POUR ÉCRIRE UN TEL LIVRE ?

Il n'existe pas de livres ayant pour but d'engager un jeune homme qui a fini ses études à les recommencer, et donnant surtout des conseils pratiques. Le P. Gratry a composé *les Sources*, mais, à part la première page du premier volume, le reste n'a rien de précis. Les conseils qu'il donne sont trop généraux. Pour un art, si l'on ne donne des règles, si l'on n'entre point dans les détails, le lecteur, après avoir lu les meilleurs conseils, ne sait comment s'y prendre pour les mettre en pratique ; il ne commencera jamais, parce qu'il ne sait pas même comment il doit faire le premier pas.

Balmès, dans son *Art d'arriver au vrai*, parle avec une éloquence rare de la volonté, de la constance, de la fermeté, de l'énergie ; mais, quelque excellent que soit son livre pour arriver au vrai, il ne peut guider un jeune homme qui a résolu d'étudier, car l'art d'arriver au vrai n'est pas le même que l'art d'acquérir la science et d'apprendre à écrire.

C'est ce manque de livres nécessaires à un jeune homme qui veut s'instruire, pour communiquer plus tard aux autres le fruit de ses études, qui m'a déterminé à composer cet ouvrage.

Il est un reproche que me feront assurément ceux qui me connaissent et ceux qui apprendront que je suis peu âgé. Ils diront que je suis trop jeune pour traiter un pareil sujet.

Je leur répondrai : Qu'importe l'âge quand il s'agit de la vérité et de l'utilité des autres ? Qu'importe que la vérité soit dite par la bouche d'un vieillard ou celle d'un enfant ? N.-S. Jésus-Christ était-il âgé quand il commença à prêcher ? Bossuet était encore jeune quand il annonçait à Louis XIV les vérités de l'Évangile avec tant de force et de courage. Démosthène était jeune aussi quand, dans ses premières harangues, il reprochait avec tant d'énergie à ses compatriotes leur lâche indolence.

Mais, vous dites que je suis jeune, je reçois votre reproche. Eh bien ! je vais vous prouver que c'est maintenant que je dois faire un traité pour acquérir la science et apprendre à écrire. Suivez-moi.

Le vieillard, quand il s'agit de donner des conseils pour modérer le feu de la jeunesse, pour vaincre les passions, a plus d'autorité et produit, dans le jeune homme à qui il s'adresse, plus d'effet que l'homme de trente-cinq ou quarante ans. Mais s'il s'agit de remuer le cœur, d'exciter le courage, de porter à la vertu, à l'étude, d'engager à acquérir la science, direz-vous que ce soit encore là le fait de l'homme en qui la vie s'éteint tous les jours ?

Oui, consultez un homme âgé pour arranger une affaire épineuse, pour trouver les mesures que vous devez prendre et qui sont du ressort de la froide raison ; mais, je le répète, quand il s'agit de conduire le jeune homme au combat et à la lutte, de l'exciter aux rudes travaux de l'esprit, c'est l'homme de trente-cinq, trente-huit ans, dont le cœur bat avec force, dont le sang court et bouillonne dans les veines, dont les passions grandes et énergiques sont allumées par les plus grands objets qui puissent entraîner sur la terre les puissances de l'âme, qui doit parler, conseiller et conduire.

L'homme jeune est plus à même, en effet, de donner des conseils pour l'étude que le vieillard; car celui-ci a oublié en partie tout ce qu'il a dû faire, les peines qu'il a endurées, les difficultés qu'il a surmontées pour acquérir la science, ce que n'a pu oublier celui qui étudie encore, parce qu'il n'a pas eu le temps de tout lire, de tout méditer, de tout apprendre, parce qu'il croit devoir s'exercer encore pour donner à son style une pureté irréprochable, une cadence plus agréable, une harmonie plus douce.

Quand l'homme encore jeune me conseille et me raconte ce qu'il a fait, avec ses yeux pleins de feu, son cœur qui bat avec force dans sa poitrine, son émotion qui me transporte, j'éprouve ses difficultés, ses peines, ses ennuis, ses dégoûts, ses amertumes, et puis ses plaisirs, ses joies, ses transports, son enthousiasme; et quand la difficulté se présentera à moi, je n'oublierai pas ce qu'il m'a conseillé de faire, je saurai la route que je dois tenir, parce que je l'ai déjà en quelque sorte parcourue avec lui.

Qu'on me permette de faire la comparaison suivante; une comparaison n'est pas une preuve, mais elle sert à mettre les preuves précédentes dans tout leur jour. Si je compare le jeune homme qui veut acquérir la science à un bâtiment qui va quitter le rivage pour aller vendre des marchandises dans un royaume au delà des mers, et que je dise que l'air sans lequel ce bâtiment ne peut marcher est le vieillard qui conseille, l'homme de trente-cinq ou quarante-ans sera le vent qui agite l'air, pousse le navire et le conduit au port vers lequel il tend. Oui, l'homme de trente-cinq ou quarante ans est le vent qui pousse le bâtiment, et comme il a l'expérience de quinze annés de travaux, comme il n'a pu oublier ce qu'il a fait, parce qu'il est encore dans le chemin qui mène à la science, il est aussi l'air sans lequel l'embarcation resterait immobile au rivage.

Dois-je ajouter d'autres preuves à celles que je viens de donner ? Non, je répondrai pourtant encore à ceux qui me diront que je suis jeune : Mais écrivez, vous qui êtes âgés, et je me tairai. Qu'un vieillard, un homme de quarante-cinq, cinquante ans, prenne la plume et écrive ce livre, qu'il donne des conseils et excite à l'étude avec force et énergie, et je brûlerai ce que j'écris. Mais si vous gardez le silence, si les hommes plus âgés se taisent, je ne puis me taire aussi, parce que cet ouvrage est nécessaire à notre époque, parce qu'il est temps que ceux qui pourraient, qui devraient étudier, sortent enfin de leur engourdissement, prennent des livres et suivent une route sûre pour arriver à la science.

Quand mon livre ne serait lu que par un petit nombre, quand je n'exciterais que dix jeunes hommes à acquérir la science, quel bien ne produirais-je pas par leur ministère ! L'homme instruit n'est-il pas comme un phare sur le bord d'une mer orageuse, qui montre le port, indique les écueils et les fait éviter ?

Si l'on m'objecte aussi mon peu de science, je dirai : Pour donner des règles afin d'acquérir la science, il

n'est pas nécessaire d'être savant, il suffit d'avoir
étudié pendant dix ou quinze ans, après avoir terminé
ses études ; il suffit d'avoir vu ce qu'il faut faire pour
s'instruire. Mon ouvrage n'est pas un livre de science.
Je n'enseigne ni la philosophie, ni la théologie, ni les
sciences naturelles ; je dis ce qu'il faut faire pour étudier utilement. Je fais comme un capitaine marin qui
vient de traverser l'océan, et qui raconte à ses amis,
étudiant pour être capitaines comme lui, ce qu'il
a éprouvé, ce qu'il a vu, ce qu'il a tenté, les fautes
qu'il a commises et qu'il se propose d'éviter désormais, les tempêtes qu'il a essuyées et les moyens qu'il
a dû prendre pour en échapper.

Enfin, si l'on reproche à ce livre les imperfections
du style, les incorrections nombreuses de la phrase,
je répondrai que ce n'est qu'à un certain âge que l'on
écrit avec correction et pureté, noblesse et élégance.
Je dirai que ces défauts ne doivent point arrêter ceux
qui ont compris combien il est important, afin de
porter la lumière au milieu des ténèbres épaisses de
notre siècle, de se livrer à l'étude pour acquérir promp-
tement et par des moyens sûrs une grande somme
d'idées.

III

DU PLAN DE CE LIVRE

Afin de donner à ce livre plus d'intérêt, et aux conseils qu'il contient plus de clarté, je vais faire connaître
le plan que j'ai cru devoir adopter.

Ce livre aura trois parties. Dans la première, je parlerai des moyens antécédents; dans la seconde, des moyens proprement dits , et dans la troisième, des moyens subséquents.

Je diviserai la première partie en trois chapitres. Dans le premier chapitre je parlerai de la fin que doit se proposer l'homme qui s'adonne à l'étude ; dans le second, du sentiment qui doit l'animer dans l'acquisition de la science, et dans le troisième, de la volonté , de la constance et de la fermeté, qualités sans lesquelles on ne peut arriver au but que l'on se propose.

La seconde partie, qui traitera des moyens proprement dits, sera divisée aussi en deux parties : la première partie de la seconde partie , et la seconde de la seconde partie.

Dans la première de la seconde partie , je parlerai de la science : elle aura trois chapitres. Le premier chapitre traitera du temps à consacrer à l'étude ; le second, des auteurs que l'on doit étudier; le troisième, de la manière d'étudier.

Dans la seconde de la seconde partie , je parlerai du style : du temps à consacrer au style , des auteurs à lire et à transcrire pour apprendre à écrire , de la traduction considérée comme moyen pour se former le style, de l'exercice à faire pour le style , en seront les quatre chapitres.

Enfin la troisième partie, qui traitera des moyens subséquents , sera divisée comme la précédente en quatre chapitres, savoir : du choix des ouvrages à composer, de la composition, de la correction, de l'impression.

Tel est le plan de ce livre , et de même que je l'ai fait précéder d'un avant-propos, je le ferai suivre de quelques réflexions touchant la conduite qu'un auteur doit tenir envers Dieu, envers ses semblables et envers lui-même.

J'ose espérer que le lecteur me saura gré d'avoir mis sous ses yeux le plan de cet ouvrage. Quand nous lisons un roman ou un livre d'histoire fait pour piquer la curiosité, nous ignorons le chemin par lequel on nous conduit; nous voulons même l'ignorer; il nous faut des surprises, des événements terribles, inattendus qui nous frappent, émeuvent notre âme, notre cœur, tout notre être. Il n'en peut être ainsi pour un livre de préceptes. On ne s'attend pas en le lisant à des accidents inattendus qui surexcitent l'âme et le cœur; c'est pourquoi on doit connaître le plan général; on doit savoir d'où l'on vient, où l'on va, par où l'on passe, avoir, en un mot, une connaissance générale de tout, afin de mieux comprendre chaque partie en particulier. De cette sorte le lecteur, en quelque manière, compose avec l'auteur l'ouvrage qu'il lit.

Vous le voyez, ô vous qui m'avez prêté jusqu'ici une attention soutenue, je veux que tout favorise l'exécution de la résolution grande et noble que vous avez prise de vous livrer à l'étude pour Dieu, votre maître, votre créateur, votre roi, dont vous devez procurer la gloire; pour vous, qui serez jugé sévèrement un jour sur le talent qui vous a été donné, sur la manière dont vous l'aurez fait fructifier, sur le temps dont il ne vous est pas permis de perdre une seule minute; pour vos semblables moins heureux que vous, qui ne peuvent étudier, que vous devez instruire pour leur apprendre ou leur rappeler leur devoir; pour la France enfin, pour l'Europe, pour le monde, que les idées fausses mènent à la barbarie et que vous devez arrêter et ramener au christianisme.

IV

DÉDICACE

Les poëtes païens avaient pour habitude d'invoquer leurs fausses divinités au commencement des poëmes qu'ils écrivaient : combien je serais coupable, si je ne suivais pas leur exemple en cela et ne dédiais point au Dieu véritable l'important travail que je viens d'entreprendre.

O lecteur, qui en quelque sorte allez composer ce livre avec moi, offrons à Dieu notre travail. S' Thomas dit dans la *Somme* que c'est Dieu qui donne l'être, la vie, la pensée, la force et le mouvement, *dans esse, virtutem et operationem*, de manière que nous sommes dans lui comme dans l'air que nous respirons et qui nous fait vivre. Nous devons donc nous souvenir toujours de Dieu, pour l'aimer, le remercier et le louer ; pour lui offrir tous les moments de notre vie, toutes les pensées de notre esprit et toutes les affections de notre cœur. Quelle ne serait pas notre ingratitude, quel ne serait pas notre aveuglement si nous négligions de lui offrir ce travail !

Disons à Dieu : « O mon Dieu, notre maître, notre créateur, notre juge futur, nous vous offrons ce livre. »

Dédions aussi cet écrit à Marie Immaculée, notre mère, dont les peines et les douleurs ont été si grandes pendant sa vie mortelle et surtout durant la passion de son divin Fils qui, pour nous délivrer de l'enfer, se mourait sur une croix, un infâme gibet. En même temps, prions-la de nous obtenir de Celui qu'elle porta dans son sein virginal, et nourrit de son lait, la grâce de bien traiter le sujet que nous venons de commencer.

Tournons encore nos yeux et nos mains suppliantes vers St Thomas, le docteur angélique ; offrons-lui aussi cet écrit ; disons-lui que c'est sur la *Somme théologique* que nous voulons passer notre vie, nos jours et nos nuits, et mourir ; et qu'en retour de notre amour pour cet ouvrage qu'il a composé, il daigne nous obtenir de Dieu la grâce de bien faire le nôtre.

Ne nous contentons pas, en offrant notre travail à Dieu, à Marie Immaculée et à St Thomas, de leur demander la science, demandons-leur aussi l'humilité. Car si nous acquérions la science sans l'humilité, de quoi nous serviraient notre talent et nos connaissances ? nous serions comme un airain sonnant et comme une cymbale retentissante. Prions St Augustin, dont nous lirons plusieurs fois les ouvrages durant notre vie, de nous obtenir de Dieu ce qu'il a obtenu pour lui-même, l'humilité, le désintéressement, le détachement, l'abnégation, le mépris de nous-même ; en sorte que, de même que notre corps est plongé en Dieu qui est partout, tous les actes de notre volonté et de notre liberté soient uniquement pour lui, et qu'à mesure que notre science augmentera, nous répétions avec plus d'ardeur et de sincérité cette parole si belle : *Ama nesciri et pro nihilo reputari* (1). Aime à être ignoré et à être compté pour rien. En fai-

(1) *Imitation.*

sant cette prière à l'Aigle d'Hippone, dédions-lui aussi notre travail.

Offrons enfin ce livre à notre saint Patron et à notre bon Ange gardien, qui est là auprès de nous, nous voit, nous entend, nous écoute, veille sur nous, tient compte de nos bons désirs, de nos bonnes pensées et de nos bonnes actions.

L'ART

D'ACQUÉRIR LA SCIENCE

ET D'APPRENDRE A ÉCRIRE

PREMIÈRE PARTIE

DES MOYENS ANTÉCÉDENTS POUR ACQUÉRIR LA SCIENCE ET APPRENDRE A ÉCRIRE

Un art étant l'exposition des moyens que l'on doit employer pour faire une chose ou pour arriver au but que l'on veut atteindre, l'art d'acquérir la science et d'apprendre à écrire est l'indication des moyens dont on doit se servir pour arriver à ce résultat.

Or, il y a dans les arts des moyens proprement dits, et d'autres qui ne sont pas essentiels, mais très-utiles, parmi lesquels les uns précèdent, et les autres suivent les premiers. Avant de parler des moyens proprement dits, je vais traiter des moyens antécédents, on verra combien grande est leur importance.

Ces moyens sont au nombre de trois et forment, comme je l'ai dit, autant de chapitres : la fin que l'on doit se proposer; la passion grande, noble, enthousiaste d'un enthousiasme réglé par la raison, qui doit nous porter vers la fin qui nous a déterminés ; enfin, la volonté, qui comprend la constance et la fermeté, avec le calme et la tranquillité, sans lesquels il ne sert de rien de choisir une fin grande et sublime et d'exciter dans nos cœurs et dans nos âmes les plus nobles et les plus généreux sentiments.

CHAPITRE PREMIER

DE LA FIN QU'ON DOIT SE PROPOSER DANS L'ACQUISITION DE LA SCIENCE

Tous les êtres animés agissent pour une fin. Ceux qui sont doués de vie, mais privés de raison, les végétaux et les animaux, agissent pour la fin que Dieu s'est proposée en les créant, fin qu'ils ne peuvent connaître, mais vers laquelle leur Créateur et leur Gouverneur divin les conduit dans tous leurs mouvements et toutes leurs transformations. L'homme, doué d'une âme intelligente et d'une volonté libre, a le pouvoir, le droit et le devoir de se choisir une fin et d'aller à elle. Se choisir une fin digne de lui, tel est le devoir de l'homme ; et cependant combien d'hommes qui manquent à ce devoir, qui, comme s'ils étaient privés de raison, se laissent conduire par les sens, et l'impression du moment!

L'homme qui étudie doit-il se conduire à la manière

des êtres privés de raison? lui est-il permis même de n'avoir point un motif réfléchi et arrêté? ne doit-il pas chercher une fin digne de ses travaux intellectuels? Si, assurément.

Quelle est donc la fin que doit se proposer l'homme, le jeune homme de vingt-cinq, trente ans, qui a résolu de recommencer ses études ?

Étudier afin d'éviter l'ennui, c'est là sans doute un motif bon, louable même ; mais telle ne doit pas être la fin que l'on doit se proposer en étudiant. Car quels sentiments un pareil motif peut-il faire naître dans l'âme? quel enthousiasme et quelles nobles inspirations! Et, si l'on peut éviter l'ennui par des amusements, des parties de plaisir, des voyages, les livres resteront souvent et longtemps fermés, et la poussière viendra se reposer sur eux, attendant tranquillement que le plumasseau d'un serviteur vienne la chasser.

Vous voulez étudiez afin d'éviter l'ennui ! Mais est-ce là le motif noble, le motif digne de la grande âme que Dieu vous a donnée, qui anime, orne, embellit votre corps et fait de vous le chef-d'œuvre de la création ; de votre intelligence, de votre cœur, de votre volonté, qui vous soumettent en quelque sorte tous les êtres de la terre et de l'univers, et font de vous le roi du monde ?

Non, ce motif n'est point digne de vous.

Étudierez-vous par devoir ? Vous êtes prêtre, médecin, avocat, ou bien vous avez une grande fortune qui vous permet de disposer de tout votre temps ou de la plus grande partie de votre journée, et c'est pour vous un devoir d'étudier pour être à même d'occuper comme il convient votre rang, de porter avec grandeur et modestie, avec intelligence et dévouement les dignités et les honneurs que vous ne pouvez refuser. Eh bien ! quelque digne que soit le motif que je viens de nommer, il ne doit pas être le seul qui vous détermine.

Car si le devoir est le motif qui vous porte à étudier, la science étant longue à acquérir et demandant beaucoup d'attention, des efforts opiniâtres et persévérants, comment pourrez-vous vous livrer à l'étude avec fièvre, afin de posséder au bout de dix ou quinze ans de nombreuses connaissances, si vous êtes mû par le seul motif du devoir ? Notre nature étant portée à la paresse, vous étudierez le plus souvent d'une manière languissante, et si, quand vous étudierez, vous n'avez point la fièvre, vous ne saurez ni ne pourrez embrasser un sujet et vous en rendre maître ; quand vous voudrez écrire, vous ne sentirez pas ce mouvement nerveux, cet *influxus* divin avec lequel on doit écrire un livre, prononcer un discours, et qui fait que, dès les premiers mots, le lecteur ou l'auditeur est saisi.

Le motif du devoir est beau, mais il ne doit pas être le motif déterminant de l'homme raisonnable. Les pierres, les arbres, les animaux obéissent par devoir, et les esclaves aussi. Vous, qui avez pour mission de conduire vos frères, vous devez avoir une fin plus grande et plus élevée.

Me direz-vous que vous voulez étudier pour instruire les autres ? je vous approuve d'avoir une telle fin pour mobile. Car si vous vouliez étudier pour vous, vous seriez un égoïste, gardant sans les communiquer les richesses précieuses que vous trouverez dans les ouvrages de génie que vous lirez, dans les longues et profondes méditations que vous ferez.

Mais instruire les autres n'est pas une fin principale, c'est une fin secondaire. Et si vous voulez me permettre de parler avec sincérité, je dirai que ce n'est point là peut-être la fin unique et première qui vous détermine; quand elle le serait aujourd'hui, elle pourrait ne plus l'être demain.

Si vous voulez étudier uniquement pour instruire les autres, je vous ferai remarquer qu'il y a d'autres fins plus nobles que celle-là, que vous devez choisir, qui vous donneront plus d'ardeur qu'elle pour l'étude, et qui vous feront rendre à vos frères des services plus grands et plus importants.

Mais pénétrez bien dans les profondeurs et dans les replis de votre cœur, et vous trouverez peut-être, comme je viens de le dire, que cette fin n'est que secondaire. La fin principale qui vous pousse et vous entraîne, quand vous prenez la résolution d'acquérir la science et d'apprendre à écrire, c'est peut-être l'or, les richesses, les dignités et les honneurs, peut-être les grandes campagnes, les châteaux avec leurs créneaux, leurs tours et leurs fossés : créneaux, tours, fossés dont vous n'avez que faire sans doute, vous ne voulez pas batailler avec vos voisins, mais que vous voulez posséder pour satisfaire votre orgueil et votre vanité. Or, est-ce l'or et l'argent, les honneurs et les dignités, les vastes domaines, les nombreux domestiques, les laquais à livrées rouges, les chevaux et les voitures qui doivent vous déterminer à étudier ? Non, non !

Que sont, en effet, les richesses, l'or, l'argent ? De la matière, et cette matière, comparée à celle des végétaux et des animaux, qui vivent et respirent, se meuvent et se propagent, est de la matière inférieure et vile.

Ainsi, ce serait un peu de matière inerte et vile qui serait la fin dernière de vos travaux intellectuels de dix, vingt, trente, quarante ans ! Non ! vous en convenez, cela ne peut point être. Non ! ce n'est point là la fin grande et sublime, fin digne d'un être né pour passer l'éternité dans le sein de Dieu, qui doit vous porter à étudier avec ardeur. Usez de l'argent, acquérez-le sans fièvre, faites-le multiplier selon les lois de la justice, afin de ne point perdre le temps à mendier, pour ne point importuner les autres ou les incommoder, mais que l'argent ne soit point le motif déterminant de vos études.

Si ce qui précède ne vous a point persuadé, ô lecteur, j'ajouterai encore une raison. Vous voulez étudier pour arriver un jour à la fortune ? Dites-moi, oseriez-vous écrire sur la porte de votre cabinet d'étude : « Je suis ici enfermé jour et nuit, et je suis continuellement courbé sur mes livres pour de l'or et de l'argent que je veux acquérir avec abondance ? » Quoique cette fin indigne et méprisable soit celle qui détermine la plupart des hommes de ce siècle ; qu'elle soit louée et que l'on dise plus que jamais : *Auri sacra fames,* la soif sacrée de l'or ; vous seriez honni de vos semblables, vous homme d'étude, si vous faisiez connaître un pareil motif. N'adoptez donc pas une fin dont vous rougissez, que vous déclarez peut-être à un ami dans le feu de la conversation, mais que vous n'oseriez pas avouer en public.

Si la soif de l'or et de l'argent est un mobile indigne de l'homme d'étude, de celui en particulier qui est appelé de Dieu pour annoncer aux autres la vérité, les honneurs et les dignités ne doivent point être non plus la fin de vos travaux intellectuels.

De quelque manière que vous expliquiez votre désir
des honneurs et des dignités, jamais vous n'aurez l'approbation d'un homme sage et éclairé, d'un homme du
peuple même qui a du jugement. Car, sachez-le bien,
les honneurs et les dignités ne seraient point le motif
qui vous déterminerait à vous livrer à l'étude ; je ne
crois pas me tromper en disant que votre mobile serait
votre amour-propre, votre orgueil, votre satisfaction
propre. Quand vous choisissez une telle fin, ce n'est
point l'intérêt des autres que vous cherchez, comme
vous le dites ; vous ne voulez point vous élever pour
mieux verser sur vos frères avec plus d'autorité, d'éclat,
d'ascendant et de profit pour eux, votre science ; mais
c'est vous-même que vous voulez élever ; vous voulez
élever votre personne, votre *moi ;* c'est votre orgueil vil
et méprisable que vous voulez servir.

Vous voulez arriver aux honneurs et aux dignités par
l'étude ! vous réussirez peut-être, mais il est plus probable que vous ne réussirez pas. Car, vous ne l'ignorez
pas, et vous aurez le temps d'en faire l'expérience bien
avant que des cheveux blancs couvrent votre tête, ce
sont les médiocrités en général qui gouvernent les hommes et règnent sur la terre. Il n'est pas de mon sujet de
vous en donner les raisons, elles sont claires et évidentes ; peu de réflexions vous les feront trouver d'ailleurs. Et si votre science, votre habileté dans l'art d'é-
crire ne vous mènent point aux honneurs, quel ne sera
pas votre chagrin et votre amertume durant le reste de
vos jours ! Si vous voulez employer d'autres moyens,
les moyens dont se sert la médiocrité, quel ne sera
pas votre déshonneur aux yeux de ceux qui vous verront ramper et vous avilir ! Quelle ne sera pas votre

honte dans votre propre cœur, et quels ne seront pas vos remords ! Quand vous aurez atteint le faîte des honneurs, quand vous serez parvenu à vous élever sur le piédestal que vous vous serez dressé ; comment ferez-vous pour supporter les regards accusateurs de ceux qui vous reprocheront vos menées obscures et indignes, qui vous auront placé au-dessus d'eux contre la volonté de Dieu ? Comment prendrez-vous surtout le silence, alors que l'on devrait vous acclamer, le silence de ceux à qui vous étalerez en vain votre pompe et votre faste ? Et quand le mépris montera vers vous avec l'encens de quelques courtisans, mais avec plus d'abondance et de force, quels ne seront pas votre peine, votre amertume et votre désespoir ! Alors les dignités ne seront plus pour vous qu'un joug pesant et vous les appellerez : « Mon lourd fardeau. »

Vous répondez et vous protestez que les honneurs et les dignités ne seront jamais la fin de vos études ; mais vous me demandez si le besoin de domination, ou , si vous voulez, le besoin de commander que vous éprouvez, votre talent, votre habileté que tout le monde vous reconnaît, et qui prouvent évidemment que votre mission est de conduire les autres, ne peuvent point vous déterminer à étudier. Vous voulez étudier afin de conduire un jour les autres, parce que vous êtes persuadé que c'est là votre mission ? Quelle n'est pas votre illusion ! Lisez le *Droit-Canon* de Thomassin, et vous verrez que si vous voulez conduire les autres un jour et les dominer, c'est là une preuve que Dieu ne veut point cela de vous. Vous me citez la parole de St Paul : « Celui qui désire l'épiscopat est animé d'un bon désir. » Lisez Thomassin ; il vous expliquera la parole de l'Apôtre, et vous

cesserez désormais de la rappeler pour excuser votre
ambition et le désir de satisfaire votre orgueil.

Mais si vous arrivez un jour au but de vos désirs : ce
sera pour votre malheur et le malheur et la ruine des
autres. Un peuple aura irrité Dieu, et c'est vous qu'il
choisira dans sa colère et qu'il lui enverra. Car vous
voulez dominer? cela veut dire que vous serez un jour
un tyran. Non, dites-vous, je ferai le bonheur des autres. Illusion ! Vous voulez dominer : si vous commandez un jour à vos semblables, vous serez leur
tyran, tyran peut-être impitoyable. Et la raison n'est
pas difficile à trouver. Votre désir ou, si vous voulez,
votre besoin de dominer et de commander n'est autre
chose que votre amour-propre ; je l'ai dit : or, tout
maître qui dans la conduite des autres se laisse guider
par l'orgueil et non par leurs intérêts et leurs besoins,
est tyran.

Vous ne voulez pas ajouter foi à mes paroles ? je ne
produis en vous rien moins que la conviction ? Ouvrez
donc l'histoire et lisez. Voyez ce qu'ont été ceux qui
ont fui les honneurs et les dignités, qu'il a fallu traî-
ner aux pieds des autels pour mettre dans leurs mains
le sceptre ou la houlette du pasteur ; voyez, d'un autre
côté, la vie de ceux qui ont couru après les dignités et
les grandeurs ; et si après cela vous me dites que vous
serez un maître doux, juste, équitable, donnant votre
vie pour votre troupeau, je gémis pour vous et pour
ceux à qui vous commanderez un jour. Car vos résolutions s'évanouiront peu de temps après que vos désirs
seront accomplis ; et au lieu d'être le grand adminis-
trateur, le gouverneur sage et prudent, ce que vous
vous proposiez d'être, vous serez un tyran : dans votre

élévation, vous serez comme un vaisseau qui a perdu son gouvernail et qui, ballotté par les vents et les flots, va çà et là poussé par les vagues, entraîné par les courants.

Combien la comparaison que je viens de faire exprime avec vérité la conduite de ceux qui, poussés par l'orgueil, emportés par le désir de dominer et de commander, arrivent enfin au but qu'ils se proposaient d'atteindre ! L'océan c'est le monde ; les vents violents sont les passions diverses des hommes, en particulier, celles des courtisans ; les flots sont les passions propres ; les courants, c'est toujours ce misérable et tyrannique orgueil qui cherche sans relâche sa satisfaction ; les écueils, c'est la fermeté quelquefois du dernier du peuple qui résiste, et qui a la justice et le droit de son côté ; les naufrages, ce sont les soumissions qu'il faut faire enfin, ce sont les peines, les chagrins, les amertumes, les nuits passées dans l'insomnie, une vie qui va se précipitant sous le poids des ennuis, des inquiétudes, des hontes et des terribles émotions ; ce sont les maladies et la mort qui s'avance pour frapper à un âge où elle devrait être encore éloignée.

Ce ne sont pas là, lecteur, les raisons qui vous détermineront jamais, dites-vous ? vous voulez passer votre vie dans l'obscurité, n'en sortir que lorsque vous y serez contraint. J'ai un motif bien différent, ajoutez-vous ; je ne puis me faire illusion ; je le sens, on me l'a dit mille fois, j'ai du talent ; on ne veut pas de moi, hé bien ! je me vengerai ! je vais m'enfermer dans mon cabinet d'étude, et pendant dix ou quinze ans j'étudierai pour me faire un nom, me poser dans le monde, et montrer si j'étais digne du dédain et du mépris dont on m'accable. Oui, je veux étudier afin de me venger.

Si le monde avait à vous répondre, il vous approuverait. Il vous dirait : Voilà une noble et belle vengeance ; c'est ainsi que se vengea le grand Racine, quand on voulut élever Pradon au-dessus de lui. Mais ce n'est point le monde que vous devez écouter et dont vous devez suivre les conseils .Je vais vous donner un conseiller plus autorisé que lui, et qui par une seule parole vous persuadera et vous fera renoncer, sans un long raisonnement, au motif qui vous détermine.

C'est Dieu lui-même qui vous répond, et repousse votre parole et votre dessein. Voici ce qu'il dit dans les *Proverbes*, au chapitre vingtième, verset vingt-deuxième : « *Ne dicas reddam malum, expecta Dominum et liberabit te*. On t'a condamné à n'être rien, on ne veut pas que tu uses du talent que je t'ai donné, que tu remplisses la mission pour laquelle tu as été placé sur la terre ; on t'a bâillonné la bouche, en quelque sorte, et tu as dit : Je me vengerai, j'étudierai, j'acquerrai de la gloire ; il faut qu'un jour ma renommée fasse pâlir de colère celui qui m'a dédaigné et m'a couvert de son mépris. Non, ô mon fils, ne parle pas ainsi. Accepte ton humiliation ; reste dans la retraite où l'on t'a jeté malgré toi ; ne dis pas du mal ; étudie avec constance et fermeté, et attends le jour que j'ai fixé ; tu ne mettras pas ainsi obstacle à ma grâce, et n'en doute pas, je suis la vérité, je te délivrerai : *Ne dicas reddam malum , expecta Dominum et liberabit te.* »

Que faut-il que j'ajoute à ce qui précède ? Vous vous plaignez! combien vous êtes insensé! Vous dressez vos machines , vous voulez perdre celui qui vous fait lan-

guir dans une affreuse solitude, après vous avoir jeté
hors de la voie où vous étiez ou que vous vouliez suivre ; quelle n'est pas votre folie ! Écoutez donc le Seigneur qui pense à vous et vous dit par la bouche de
Salomon : *Ne dicas reddam malum, expecta Dominum et
liberabit te.*

Quand vous n'auriez pas, pour vous consoler et chasser vos idées de vengeance, la parole de Dieu, songez
que c'est pour vous le plus grand bien que d'être réduit
à rester dans la solitude. Car que d'heures, que de temps
ne pouvez-vous pas consacrer à l'étude ! Si durant le
siècle de Louis XIV il y eut tant de grands hommes dans
la carrière des lettres, c'est parce que l'on étudiait beaucoup et que l'on ne commençait à produire qu'après de
longues années passées dans la retraite, le silence et au
milieu des livres. On fait le contraire dans notre dix-
neuvième siècle, que l'on a appelé pourtant le siècle
des Progrès et des Lumières ; on étudie peu, très-peu ;
on commence à produire bientôt, et quand on a commencé à produire on n'étudie plus. C'est donc un bien
pour vous, un grand bien pour vos frères, pour la
France et le monde, que l'on vous ait condamné à passer un certain nombre d'années dans la solitude et le
silence, où vous pouvez cultiver, développer et mûrir
votre talent.

Ainsi nous n'avons pas trouvé sur la terre une fin
digne de nos travaux intellectuels : ni votre utilité, ni
l'utilité des autres, ni l'or, ni l'argent, ni les grandeurs,
ni le devoir seul, ni la vengeance ne nous doivent conduire. Cessons donc de regarder autour de nous et au-
dessous de nous ; levons les yeux en haut et cherchons
une fin convenable et digne dans le ciel. Le ciel n'est

pas pour nous une région inconnue. Nous en sommes sortis, quant à l'âme, il y a quelques années, et nous y retournons nous acheminant sans cesse vers lui. Que dis-je, nous sommes bien plus du ciel que de la terre : notre séjour d'ici-bas n'est-ce pas un exil ? Si notre vie sur la terre est un exil, si nous ne sommes ici-bas que pour peu de temps et comme en passant, si tout ce qui nous environne est méprisable et vil, et si nos vrais biens sont dans le ciel, cherchons donc dans notre patrie céleste une fin digne et noble de nos travaux intellectuels.

Faut-il démontrer que Dieu doit être la fin que nous devons nous proposer en acquérant la science ? Toutes nos actions doivent être faites pour Dieu. C'est là une vérité que tout chrétien connaît, mais qu'un petit nombre malheureusement songe à mettre en pratique. Qu'y a-t-il dans l'Écriture Sainte de plus répété que cette parole, que nous devons faire toutes choses pour Dieu ? « Soit que vous mangiez, dit St Paul, soit que vous buviez, soit n'importe quelle action que vous fassiez, faites tout pour la gloire de Dieu » : *Sive ergo manducatis, sive bibitis, sive aliud quid facitis, omnia in gloriam Dei facite* (1).

Eh ! comment pourrions-nous ne pas agir toujours pour Dieu ? Le Psalmiste ne dit-il pas que la terre avec tout ce qu'elle renferme appartient à Dieu ? *Domini est terra et plenitudo ejus* (2). Si nous appartenons à Dieu, s'il est notre maître, pouvons-nous faire autrement que de chercher sa gloire et de faire toutes choses pour lui ?

Il y a dans le Saint Évangile une parole plus frap-

____

(1) I *Cor.*, x, 31. — (2) *Ps.* xxiii, 1.

pante que celles que je viens de citer, et qui s'adresse en particulier à ceux qui ont pour mission de prêcher aux autres la vérité. N. S. Jésus-Christ, en parlant à ses apôtres et en eux à leurs successeurs, leur dit : *Ego elegi vos ut eatis, et fructum afferatis et fructus vester maneat* (1). Je vous ai choisis afin que vous alliez dans le monde, parmi les hommes, et que vous rapportiez du fruit et un fruit durable. Cette parole s'adresse à l'homme d'étude, qui ne doit pas étudier pour lui seul, mais pour guider ses semblables, leur faire part de sa science et les amener à Dieu. Or, vous qui dans vos études avez une toute autre fin que Dieu, que pouvez-vous répondre à cette parole de Notre Seigneur : *Je vous ai choisis?* Est-ce pour vous qu'il vous a choisis? N'est-ce pas pour lui, à qui vous appartenez? Quel est le fruit durable dont il est parlé? est-ce celui que la vanité inspire? Ne sont-ce pas les œuvres qui ont Dieu pour objet, et qui, recevant une récompense éternelle, subsisteront toujours? Non, ce n'est point pour Dieu que travaille celui qui se cherche lui-même; c'est pour le démon qui l'inspire et pour ses passions qui l'entraînent.

Il y a encore dans l'Écriture Sainte une autre parole qui doit nous porter à prendre Dieu pour unique fin de nos travaux intellectuels. St Paul disait aux Athéniens en leur parlant de notre divin Créateur : *In ipso vivimus, movemur et sumus* (2). Nous vivons en Dieu, nous nous mouvons en Dieu, nous sommes en Dieu. C'est là une vérité incontestable; combien St Paul l'exprime d'une manière frappante! Ainsi, nous sommes

______

(1) *Jean*, XV, 16. — (2) *Act.*, XVII, 28.

en Dieu, nous nous mouvons, nous respirons en Dieu, comment pourrions-nous avoir une autre fin que lui, alors surtout qu'il est notre vie, notre force, notre mouvement, *dans esse, virtutem, operationem*, comme dit S¹ Thomas? Un enfant aime naturellement sa mère, qui l'a porté neuf mois dans son sein ; ne devons-nous pas aimer notre Créateur et agir toujours pour lui, alors qu'il nous le commande pour sa gloire et notre bonheur éternel, lui qui nous porte continuellement dans son sein, et nous nourrit tous les jours, sans jamais se lasser ?

Eh quoi ! vous qui n'avez point Dieu pour fin, qui vous cherchez vous-même, vous êtes dans Dieu, et c'est à vous que vous pensez ; vous vous dressez un piédestal dans le sein de Dieu ! vous élevez votre petitesse et votre néant dans le sein, dans les entrailles de votre Dieu ; quelle n'est pas votre folie !

Vous n'avez donc jamais médité sur la grandeur de notre Dieu et sur notre néant, notre corruption ! Vous êtes dans Dieu, comparez-vous donc à lui, et voyez ce que vous êtes pour servir votre bassesse et délaisser celui qui vous a créé, pour élever contre lui votre autel, à côté de son trône placer votre trône. A côté de Dieu, quelque haut que ton orgueil t'élève, ô homme ! tu es la mort, tu es la corruption, et quelque chose de pire encore, qui n'a de nom dans aucune langue, et dont l'affreux spectacle, l'odeur nauséabonde et épouvantable me fait te fuir et t'abandonner dans la tombe, au bord de laquelle mon amour m'avait conduit et où je voulais prier. Élève-toi, ô néant, ô ver de terre ! Dieu t'abandonnera les biens d'ici-bas que tu cherches avec tant d'ardeur et de constance ; mais ton règne sera de courte durée, ton Maître divin ne fera que passer,

et tu ne seras déjà plus : *Transivi et non erat amplius* (1).
Que dis-je ? tu seras encore, tu le sais, tu viens de le
voir ; tu seras de la boue gluante et hideuse, d'une
odeur nauséabonde.

Mais qu'importe le corps, qui est réduit en poussière
peu de temps après qu'il a été mis dans le tombeau ?
Mais votre âme ? que deviendra-t-elle si vous vous
cherchez vous-même au lieu de servir Dieu ? Dieu la
recevra-t-il ? Non, parce que vos œuvres ne seront pas
pleines ; elle sera jetée en enfer, avec les anges qui
abandonnèrent le Créateur pour servir leur orgueil.

O vous qui avez résolu de vous livrer à l'étude,
ne soyez donc pas l'esclave de votre amour-propre :
loin de vous élever, abaissez-vous devant Dieu, repas-
sant vos péchés et votre néant dans l'amertume de
votre cœur. N'ayez pour fin de vos travaux que la
gloire de votre Créateur. Eh ! comment pourrions-
nous chercher les biens incertains et fugitifs de cette
terre, alors que Dieu nous promet une récompense
infinie ! Ne nous assure-t-il pas que ceux qui auront
enseigné les autres brilleront dans le ciel comme les
étoiles du firmament ? *Qui docti fuerint, fulgebunt quasi
splendor firmamenti : et qui ad justitiam erudiunt multos,
quasi stellæ in perpetuas æternitates* (2). En voyant la
récompense magnifique que Dieu nous promet, comment pourrions-nous n'être pas touché d'amour pour
lui, et ne l'avoir pas pour unique fin de nos études !

Faut-il ajouter qu'en étudiant pour Dieu, nous étudierons pour nos frères ? Si nous accomplissons avec
zèle et ferveur le premier commandement, en aimant

(1) *Ps.* xxxvi, 36. — (2) *Dan.*, xii, 3.

le Seigneur notre Dieu et en le servant avec fidélité, nous aimerons le prochain, nous voudrons le servir et nous dévouer pour lui; parce que nous comprendrons que notre prochain est la chose de Dieu, le bien de Dieu, sorti de Dieu et devant entrer dans le séjour de la gloire éternelle; et plus notre amour pour Dieu sera grand, plus nous aimerons le prochain et voudrons le servir : et s'il est de notre devoir de l'instruire, nous mettrons tout en œuvre pour lui montrer la voie qui mène au ciel. Car, quand le siècle puissant, comme aujourd'hui, entraîne dans le chemin de la perdition les serviteurs de Dieu, les enfants qui se sont approchés, il y a quelques jours à peine, de la Sainte Table pour la première fois, la jeune fille de 15 ans, timide, modeste jusque là et ornée des plus belles vertus, l'homme à qui Dieu a ordonné d'être le conducteur de son peuple, ou qui a de l'ascendant par sa position sur ceux avec lesquels il vit, et qui est enflammé de l'amour des âmes, se sent brûler pour ses frères malheureux de la charité la plus ardente; il prêche la vérité et combat l'erreur; il devient semblable à Judas Machabée; il ressemble au lion ou au lionceau qui suit dans les forêts celui qui lui a donné la vie, et apprend à faire répéter aux échos son terrible rugissement : *Similis factus est leoni in operibus suis, et sicut catulus leonis rugiens in venatione* (1).

Et en étudiant pour la gloire de Dieu et pour le salut du prochain, nous étudierons pour nous-même, car nous remplirons notre devoir, qui est d'acquérir la science et d'apprendre à écrire, et nous aurons droit à la ré-

(1) I *Mach.*, III, 4.

compense qui nous a été promise. Quand durant nos travaux intellectuels nous ne penserions jamais à nous pour penser à notre Créateur et à notre prochain, oh ! quelqu'un s'occuperait de nous, Dieu lui-même. Plus nous nous oublierons, et plus il pensera à nous et augmentera notre récompense. Mais Dieu pense à nous tout particulièrement. Ne pensait-il pas à nous quand il disait par la bouche du prophète Daniel, qu'il rendrait brillants comme les étoiles du firmament ceux qui auraient annoncé la vérité à leurs frères ? Comme cette promesse de Dieu est grande ; comme elle est consolante ! Qui ne serait excité à étudier pour Dieu, à sacrifier pour lui le temps de la jeunesse, les plaisirs enchanteurs du monde, la santé même, alors qu'il nous prépare une récompense si grande, que pour nous en donner une idée il a recours aux comparaisons les plus brillantes et les plus élevées : *Sicut splendor firmamenti, in perpetuas æternitates stellæ* (1).

Je viens de dire que, pour acquérir la science, il faut même sacrifier la santé : ce n'est pas sans intention que j'ai écrit cette parole. Oui, il faut ne point songer à sa santé quand on veut acquérir la science et apprendre à écrire, afin d'enseigner les autres. Quel est celui qui a reçu la mission de conduire ses frères au ciel, et a pensé à ménager ses forces ? Voyez les apôtres, voyez St Paul, voyez de nos jours les missionnaires, qui, plus heureux que nous, souffrent toutes sortes de maux et de privations loin de leur famille et de leur patrie. Eh ! les ténèbres de notre siècle, les ténèbres de l'erreur s'épaississant de plus en plus, pourrions-nous

(1) *Dan.*, XII, 3.

passer notre vie dans une molle et lâche indolence ? Étudions donc sans relâche, étudions nuit et jour, car il vaut mieux mourir sur les livres, pour acquérir la science et combattre l'erreur, que de voir les maux innombrables de l'Église, l'abandon de Dieu et des sacrements, et l'impénitence finale d'un si grand nombre : *Melius est nos mori in bello, quam videre mala gentis nostræ* (1).

Que notre grand Dieu soit donc la fin de nos études. Que son amour soit toujours dans notre cœur et son saint nom sur nos lèvres, et quand nous commençons d'étudier, le matin, et quand nous quittons nos livres le soir, et quand durant le jour nous cessons de méditer, de lire ou d'écrire pour nous reposer durant quelques instants.

CHAPITRE II

DU SENTIMENT QUI DOIT NOUS PORTER A ÉTUDIER

Pour étudier avec zèle et ardeur suffit-il d'avoir choisi une fin digne de nos travaux ? Non, il faut encore qu'il y ait dans notre cœur le sentiment, ou, si vous voulez, la passion grande, noble, élevée, qui donne l'inspiration et l'enthousiasme. Un célèbre professeur de l'École de Médecine de Montpellier, une année, ouvrait son cours par une allocution sur l'enthousiasme nécessaire à l'étude de la médecine ; combien

____

(1) I *Mach.*, III, 59.

ce professeur avait raison de parler de l'enthousiasme nécessaire pour l'étude de cette science! Car que peut-on faire sans enthousiasme, sans fièvre ni chaleur? Celui qui étudie languissamment, qu'un sentiment élevé ne porte pas à étudier avec ardeur, n'avance qu'à pas lents dans la science; comme celui qui compose ne sera jamais lu s'il n'écrit avec feu et inspiration.

Quelles sont donc les considérations propres à faire naître les sentiments qui doivent animer le cœur de celui qui, à vingt-cinq ou trente ans, prend la résolution de recommencer ses classes? Ces considérations sont nombreuses, je pourrais dire innombrables; je me bornerai à en indiquer quelques-unes seulement.

On peut dire que c'est à l'homme d'étude en particulier, à celui qui compose des livres, donne aux autres des préceptes et des conseils, que s'adresse cette parole de l'Esprit-Saint : *Ego dixi, dei estis :* voilà que je l'ai dit, vous êtes des dieux. Car si l'on a entendu en général cette parole des rois de la terre ou des chrétiens, ne doit-on pas l'adresser en particulier au savant et à l'écrivain? Les rois de la terre commandent au corps, ils n'ont pas de pouvoir sur l'âme; l'écrivain s'adresse à l'esprit : du fond de son cabinet d'étude, par les écrits qu'il compose et qu'il publie, il commande à la partie spirituelle et intellectuelle de l'homme.

Ainsi ce sont principalement les savants et les écrivains qui doivent être regardés comme les dieux de la terre. Mais si ceux à qui le Ciel a donné du talent, du loisir et des livres pour étudier afin d'instruire les autres, sont les dieux de la terre, avec quels soins et quelle ardeur ne doivent-ils pas acquérir la science, afin de porter comme ils le doivent leur dignité et rendre leurs attributs plus nombreux, plus éclatants et plus bienfaisants !

Voyez, ô mon lecteur, tout ce que l'on fait dans le monde pour augmenter sa fortune ! Que ne fait pas un homme superbe pour ajouter à la magnificence qui l'environne ? Ainsi vous qui devez instruire les autres, vous devez étudier avec le plus grand zèle, pour augmenter en quelque sorte votre divinité et votre souveraineté sur vos semblables. Car, je le répète, comme Dieu vous avez la puissance sur l'intelligence et sur la volonté, et de même que Dieu créa le monde par la parole, *dixit et facta sunt,* de même c'est par la parole que vous devez enseigner les hommes et, avec le concours de la grâce, créer en eux un cœur nouveau. Or, plus vous étudierez et plus votre ascendant sur vos semblables augmentera ; vous les dominerez, vous les convaincrez et les persuaderez davantage. Tel fut l'ascendant qu'une grande science donna sur leurs siècles à St Augustin, à St Grégoire le Grand, à St Bernard, à Bossuet. Vous n'aurez jamais, dites-vous, de l'ascendant sur votre siècle. Qu'en savez-vous ? Vous pourrez avoir de l'ascendant dans votre province, dans la ville que vous habitez, dans la paroisse qui vous a été confiée, là où vous exercez la profession de médecin, de notaire ou d'avocat.

Ainsi, vous venez de le voir, par la science que vous acquérez, vous êtes des dieux : vous êtes encore des apôtres pour annoncer aux peuples la parole du saint Évangile. Si Dieu vous a donné du talent, ce n'est point pour vous, vous seriez allé au ciel sans cela, en travaillant dans l'atelier d'un charpentier ou en faisant un autre état. Dieu vous a donné de l'intelligence et du temps pour vos frères. Or, prêcher aux autres la vérité de vive voix, dans une chaire ou en conversation ou par des livres, quelle plus grande et plus sublime mission ! Ce fut la mission de N. S. Jésus-Christ, quittant le royaume de son Père et venant habiter parmi nous avec un corps semblable au nôtre. En prêchant l'Évangile de Jésus-Christ, vous êtes ses disciples, vous êtes d'autres Jésus-Christ. Comment pourriez-vous imiter votre maître faiblement, être un disciple de Jésus-Christ tiède, paresseux, indolent. Lisez la vie des apôtres, voyez leurs fatigues, leurs veilles, leurs souffrances, leur croix, leur martyre ; et, à leur exemple, embrassez aussi avec joie les ennuis, les dégoûts, les fatigues de l'étude, les contradictions de vos envieux ; heureux, mille fois heureux, si après avoir consacré toute votre vie à prêcher la vérité par la parole et les écrits, comme les disciples de Jésus-Christ, vous pouviez verser pour elle jusqu'à la dernière goutte de votre sang !

Faut-il ajouter que si Dieu doit vous faire briller durant toute l'éternité comme les étoiles du firmament pour récompenser vos travaux, vous ne sauriez étudier avec trop de zèle ? Vous dirai-je que si, au contraire, vous passez votre vie dans la paresse, Dieu, comme je l'ai déjà observé, ne vous recevra pas dans le ciel parce que vos œuvres ne seront pas pleines ? Non, je ne dirai point cela. Ce n'est point à vous, âme généreuse, qui avez résolu d'étudier avec constance et fermeté qu'il faut répéter de semblables paroles ; j'ai des raisons plus puissantes pour enflammer votre cœur.

Jetez un regard sur le monde au siècle où nous sommes ; regardez en particulier notre malheureuse France. Où en est la science ? la science théologique, la science philosophique, c'est-à-dire les grandes sciences qui apprennent à l'homme ce qu'il est, d'où il vient, pourquoi il est sur la terre et où il va ? Lisez les livres qui s'impriment, les journaux qui paraissent tous les jours. Où en est le monde, au temps où nous vivons, par rapport à la vérité divine et aux principes éternels ? Jésus-Christ est-il descendu sur la terre ? est-il venu annoncer aux hommes la bonne nouvelle ? Jupiter, Vénus, Mars et tous les autres dieux, n'ont-ils pas encore leurs temples et leurs autels s'élevant au milieu des ténèbres où la plupart des hommes sont plongés ? Non, je ne vois ni les temples ni les autels de Jupiter, de Vénus, de Mars, de Minerve ; mais si au lieu de ces temples et de ces divinités, je trouve les églises de Jésus-Christ ; si je rencontre sur mon chemin, quand je vais me promener dans la campagne, la croix de notre divin Rédempteur, où sont les vrais adorateurs ? où sont les hommes qui mettent en pratique, qui connaissent, qui veulent écouter les vérités de la religion ? Depuis le dernier siècle, si fatal à l'Europe, l'impiété ou l'oubli de Dieu se sont-ils arrêtés ? Non, ils n'ont fait que croître. Les grandes missions prêchées en France après la grande révolution ne leur ont opposé une digue que pour un moment ; depuis lors l'impiété dans les uns, l'oubli de Dieu dans les autres n'ont fait qu'augmenter ; en sorte que maintenant il n'y a plus de schisme ni d'hérésie, il y a la rage contre les choses de la religion, ou bien dans le plus grand nombre l'indifférence pour la pratique des devoirs du chrétien. Voyez, en effet, les églises quand on célèbre les saints mystères ; voyez la table eucharistique le jour de Pâques et comptez les participants au sacré banquet. Oui, la plupart des hommes de ce siècle vivent et meurent comme si Dieu n'était pas ; il n'y a plus même pour eux de divinités comme il y en avait pour les païens ; la croyance à une autre vie avec ses récompenses pour les bons, ses supplices pour les méchants, n'existe plus pour eux.

Quelle considération plus grande pouvais-je vous donner pour vous transporter d'amour pour l'étude, que celle que je viens de faire ? Car c'est vous qui devez étudier par devoir, qui devez prêcher la vérité aux hommes, et les arracher aux ténèbres dans lesquelles ils vivent et meurent. Or, ayant une telle mission, pourriez-vous y être infidèle ? pourriez-vous la remplir avec tiédeur et mollesse ? Le monde ressemble aujourd'hui plus que jamais à une vaste mer en courroux, sur les bords de laquelle l'on n'aperçoit que rarement des phares qui, de jour en jour, deviennent moins nombreux : c'est vous que Dieu a choisi pour être sa lumière, sa voix, et vous ne lui obéiriez pas ? et vous passeriez votre vie dans une paresse honteuse ? Non ! Levez-vous donc et marchez ; allez vers vos livres ; prenez la *Somme* de St Thomas, asseyez-vous devant votre table d'étude et dites : *Dixi, nunc cœpi*, j'ai dit, c'est fini ; oui, je commence à étudier aujourd'hui même, et je ne fermerai pas mes livres que je n'entende la mort frapper à ma porte. J'acquerrai la science et j'apprendrai à écrire avec la plus grande ardeur et une constance que rien ne pourra vaincre, afin d'être un phare pour le monde, pour mon diocèse, pour la ville, le village que j'habite, pour ces milliers d'âmes qui se perdent tous les jours et vont en une foule immense à l'abîme éternel.

CHAPITRE III

DE LA VOLONTÉ

Pour acquérir la science et apprendre à écrire, nous venons de voir qu'il fallait choisir une fin grande et noble, et qu'il fallait aller à elle le cœur mû par un sentiment élevé; une troisième condition est encore nécessaire. Pour recommencer ses études à vingt-cinq ou trente ans, il faut avoir une grande force de volonté.

En Dieu il y a non-seulement l'intelligence et l'amour, il y a encore la volonté. Dieu se comprend, il s'aime et il veut son essence; il veut et ce qu'il produit au dedans de lui, son Verbe et son Amour, et ce qu'il produit au dehors de lui, le monde avec les êtres qui le composent.

Et cette volonté est nécessaire à Dieu; elle est nécessaire à son essence et à son existence, à son intelligence et à sa puissance, et pour ce qu'il produit en lui-même de toute éternité, le Verbe et son Amour, et pour ce qu'il produit dans le temps hors de lui, le monde avec ses êtres.

Or, Dieu qui, en nous créant semblables à lui, nous a donné l'intelligence et l'amour, nous a donné aussi la volonté; nous connaissons, nous aimons et nous voulons. Nous voyons l'objet qui se présente à nos regards, et nous le voulons ou bien nous ne le voulons pas ; nous concevons un projet, notre volonté arrête de l'exécuter et elle l'exécute, ou bien elle se détermine à n'en point tenir compte, et elle le rejette.

Sans la volonté que serait l'homme ? Je ne sais ce que serait l'homme intelligent et aimant, privé de volonté. Sans la volonté divine l'univers n'existerait pas ; sans cette faculté l'homme n'aurait point ajouté à la beauté de la terre qu'il habite. Interrogez ceux qui se sont fait un nom dans le monde, les saints qui sont parvenus à un haut degré de sainteté, les écrivains qui ont composé des ouvrages dont l'importance et le nombre nous étonnent ; demandez-leur ce qu'ils auraient été sans la volonté ? Ils auraient passé sur la terre une vie inutile.

Mais puisque Dieu a donné à l'homme la volonté, puisque cette faculté est nécessaire, pourquoi voit-on un si grand nombre d'hommes doués d'intelligence et de sensibilité, et pourquoi en rencontre-t-on si peu doués de volonté ? Car je n'appelle pas *volonté* celle qui est nécessaire aux actes essentiels à la vie, ni les velléités ? Pourquoi y a-t-il si peu d'hommes capables de dire : *Dixi, nunc cœpi* (1) ; j'ai dit, c'est fini, cela sera quand je devrais y consacrer toute ma jeunesse, ma virilité, ma vie entière ? Pourquoi voit-on si peu d'hommes capables de dire *je le veux*, en parlant à leur paresse et à leur lâche indolence ?

C'est le péché qui, de même qu'il a affaibli notre intelligence et notre sensibilité, a causé un plus grand mal à notre volonté. Depuis le péché de notre premier

____

(1) *Ps.* LXXVI, 11.

père, depuis que l'homme, en sortant du berceau, se livre à ses sens et à ses passions, combien faible est sa volonté !

Néanmoins quelque faible que soit cette faculté, elle n'en existe pas moins en nous, et il est de notre devoir de la rendre puissante ; ceux en particulier qui ont résolu de s'adonner à l'étude et de passer au milieu des livres toute leur vie, doivent s'efforcer de rendre leur volonté inébranlable.

Toutes les raisons que j'ai données pour choisir Dieu pour la fin unique de nos travaux intellectuels, doivent nous engager à acquérir une volonté forte et énergique.

Mais vous ne pouvez vouloir fermement, dites-vous. Il y a en vous je ne sais quoi qui vous arrête quand vous vous déterminez à dire *je veux*. Écoutez donc les conseils que je vais vous donner pour vous apprendre à dire cette parole et à vouloir efficacement.

Cinq ou six fois le jour, en vous levant, durant vos promenades, et surtout le soir avant que le sommeil ne vienne fermer vos paupières, dites : Je veux acquérir une volonté forte. — Je puis vous l'assurer, vous ne tarderez pas à voir votre désir s'accomplir.

Si votre nature est rebelle ou si elle tarde à vous accorder ce que vous exigez d'elle, arrêtez alors de faire telle chose chaque jour et à une heure fixe. Je ne vous dis pas même d'étudier tout d'abord, si vous éprouvez pour l'étude une répugnance invincible ; faites n'importe quelle action, mais chaque jour et à l'heure que vous aurez marquée.

Faire chaque jour telle action à la même heure, c'est là une chose facile à exécuter, quelque faible que soit votre volonté ; or, la répétition des mêmes actes aux

mêmes heures suffira pour rendre forte cette faculté.
Aussitôt que vous sentirez votre volonté s'éveiller,
lever la tête et dominer vos impressions, ce sera alors
le moment de prononcer cette parole : *je veux étudier.*
Le jour où vous prononcerez cette parole, jour qui
fera époque dans votre vie, car dès ce jour-là vous
porterez votre dignité d'homme avec honneur, vous
prendrez un cahier, vous partagerez la première feuille
en huit parties : dans la première partie, qui sera consacrée au règlement, vous écrirez : J'étudierai une
heure par jour durant cette semaine ; j'étudierai n'importe à quel moment du matin ou du soir, et chaque
jour avant de me mettre au lit, j'écrirai dans une des
parties de cette feuille ce que j'aurai fait durant la journée, en particulier, si j'ai été fidèle à ce que j'ai arrêté
le dimanche précédent. — La seconde semaine vous
écrirez dans la première partie de la feuille : Durant ces
huit jours, j'étudierai à telle heure. — Vous indiquerez
l'auteur que vous devez lire à la troisième semaine.
Enfin, peu à peu vous augmenterez vos heures d'étude,
vous réglerez tous les moments de votre journée, les
minutes même, que vous ne voudrez plus laisser perdre ;
car, vous en ferez l'expérience bientôt : plus vous vous
livrerez à l'étude et plus vous voudrez étudier, votre
volonté deviendra toujours plus forte à mesure que
vous l'exercerez.

Le conseil que je viens de vous donner est-il impossible à suivre ? Faites-vous donc violence. Dites-vous
à vous-même que vous ne voulez plus être le jouet de
vos sens, vous conduire suivant l'impression du moment ; que vous voulez acquérir enfin une volonté que
rien ne puisse vaincre.

Mais voilà que vous vous êtes réveillé et que vous êtes sorti de votre engourdissement ; vous avez dit : *Dixi, nunc cœpi ;* c'est fini, j'ai triomphé de ma paresse ; mes livres sont ouverts sur ma table d'étude et j'étudie. Vous avez acheté un cahier contenant suffisamment de papier pour cinq ans ou pour dix ans. Vous êtes fidèle à écrire le dimanche votre règlement pour la semaine, et à noter tous les soirs ce que vous avez fait durant la journée ; enfin vous étudiez avec zèle et ardeur depuis un mois, ou si vous voulez depuis six mois : je ne saurais trop vous louer, mais ne vous étonnez pas si j'ajoute que tout cela n'est rien si vous manquez de constance. De quoi vous servirait-il, en effet, comme je l'ai dit au commencement, de travailler beaucoup durant six mois ou un an, si ensuite vous fermiez vos livres et les abandonniez pour toujours ? vos travaux d'un an, de cinq ans même, ne vous serviraient de rien.

Donc, avec une volonté forte, il faut encore avoir de la constance, c'est-à-dire vouloir aujourd'hui, demain et toujours. Hélas ! combien peu d'hommes savent vouloir toujours. On en trouve un certain nombre capables de prendre les plus fortes résolutions et de les exécuter pendant un certain temps, combien est petit le nombre de ceux qui persévèrent ! Les Anciens disaient que la nature a horreur du vide ; on pourrait dire avec vérité que l'homme a horreur de la constance. Il fait une chose avec la plus grande ardeur pendant une semaine, un mois ; puis son ardeur se refroidit, bientôt le dégoût apparaît, et il éprouve pour cet acte qu'il accomplissait avec tant d'entrain, une répugnance aussi grande, je dirai presque invincible.

Ne peut-on pas remédier à ce vice de la nature humaine dégénérée? On le peut, et le moyen c'est la lutte. N. Seigneur dit en parlant du ciel, que ce sont les violents qui le gagnent : *Violenti rapiunt illud* (1); de même ce sont les opiniâtres qui acquièrent une volonté constante.

Vous me demandez un moyen pratique? Appliquez-vous à faire exactement cela même qui vous cause de la répugnance, et vous deviendrez constant. Car, en agissant de la sorte, bientôt votre volonté deviendra comme une force insensible, comme la force de la vapeur qui ne se lasse jamais de pousser et de repousser dans le cylindre le piston qu'elle fait mouvoir. Ainsi votre volonté s'appliquera à n'importe quelle étude, et vous n'éprouverez ni dégoût ni répugnance.

Vous pouvez employer aussi le moyen général et si sûr déjà indiqué : répétez le soir en fermant vos yeux pour le repos de la nuit : Je veux devenir constant, — et vous acquerrez cette qualité essentielle pour ne pas mener sur la terre une vie inutile.

Plaise à Dieu que, parmi mes lecteurs, beaucoup profitent de ces conseils et apprennent à être constants! Je fais à Dieu cette prière, car le nombre de ceux que l'inconstance domine est grand, hélas! bien grand. J'ai connu une infinité de jeunes gens qui étaient parvenus à acquérir de la volonté, qui avaient pris les résolutions les plus fortes, tracé des plans bien conçus, et dont la volonté n'a duré ensuite qu'un moment. J'en ai connu un qui, après avoir arrêté les plus beaux projets d'étude, se pliait dans sa belle robe de chambre, met-

____

(1) *Matt.*, XII, 5.

tait sur sa tête un bonnet brodé d'or, s'asseyait dans son voltaire, et quand il s'était assis et qu'il avait ouvert son livre, il tournait et retournait dans ses mains son couteau d'ivoire, puis il se levait aussitôt, quittait sa robe de chambre et son bonnet brodé d'or et s'en allait ; sa volonté n'était plus, elle n'avait duré qu'un moment : après tous les préparatifs que je viens de décrire, ses résolutions s'étaient évanouies.

J'ai connu encore un professeur qui arrêta un jour de lire les œuvres de St Bernard ; probablement il avait entendu dire qu'il retirerait les plus grands fruits de la lecture de ce Père. Il acheta donc St Bernard ; l'édition avait je ne sais combien de volumes in-folio. Il prit le premier tome, en coupa toutes les pages, en lut le premier sermon, peut-être ne l'acheva-t-il pas, puis il ferma ce pauvre volume, le plaça à côté des autres et se mit à apprendre le dessin. Il eut plus de constance pour cet art, car il l'étudia pendant quinze jours, après lesquels il donna ses crayons et ses porte-crayons, et ne parla plus du dessin qu'avec mépris.

Ceux qui ont étudié les défauts de la nature humaine ne m'accuseront pas d'exagération. L'histoire de l'inconstance de l'homme serait la plus curieuse et la plus triste à la fois que l'on eût jamais écrite. Je passe outre ; si j'ai cité les faits précédents, c'est afin de montrer tout ce que l'inconstance a de bizarre et de lamentable, et de porter ceux qui en sont le jouet à la vaincre.

A une volonté constante, l'homme qui se livre aux travaux de l'esprit doit ajouter encore une volonté énergique, inébranlable, afin de résister aux obstacles qui se dressent contre lui.

Il semble qu'il ne devrait point exister de difficultés

ni d'obstacles pour celui qui, renonçant aux plaisirs même innocents, s'enferme dans son cabinet d'étude et étudie tout le jour et une partie de la nuit. Hélas ! combien sont nombreux, combien sont grands, combien sont insurmontables quelquefois les obstacles qui se dressent devant l'homme d'étude ! Tout lui peut être un obstacle, et les êtres insensibles et inertes, et ceux qui sont doués de mouvement et de vie, et ses semblables et lui-même, et ceux qui devraient se réjouir avec lui de son ardeur, de sa constance et de ses succès, et ceux même qui ont pouvoir sur lui et qui devraient l'encourager.

L'homme qui veut acquérir la science doit-il se laisser arrêter par les obstacles ou abattre par les contradictions de la jalousie ? Non, il doit attendre avec patience que les obstacles disparaissent quand il ne peut ni les surmonter, ni les tourner, et il doit dédaigner les menées d'une méprisable jalousie. Car de quoi servirait-il de vouloir avec constance, s'il suffisait d'un obstacle pour faire abandonner les plus beaux et les plus grands projets ? Les méchants ont de la fermeté et de l'énergie pour arriver à leurs fins. Nous laisserons-nous abattre par les difficultés dans notre marche vers le bien ? Si nous n'avons pas de fermeté et d'énergie, il faut donc abandonner le monde aux doctrines impies, aux principes qui chassent Dieu de la terre et détruisent la société.

C'est là une des hontes de notre grand dix-neuvième siècle ; le nombre des méchants que les obstacles ne peuvent décourager ni vraincre est infini, tandis que le nombre de ceux qui luttent pour le bien est infime. Quand Lucifer avec ses complices se révolta contre

Dieu, l'archange St Michel et tous les bons anges se levèrent contre lui et le vainquirent. Il n'en est pas ainsi de nos jours. Le même Lucifer et ses complices de l'enfer et de la terre, les hommes impies et méchants, parcourent les royaumes, séduisent les âmes, veulent détruire les autels de Dieu et les trônes des rois, et les hommes de bien les laissent passer et les laissent faire. Mais, pourrait-il en être autrement? A l'époque où nous vivons, il y a un grand nombre de gens de bien, mais la plupart sont indifférents pour leur religion : comment pourraient-ils prendre la défense de Dieu? Ils adorent l'or et l'argent; leurs plaisirs sont leurs dieux : ils ne peuvent défendre la religion ni la société ; car, retenus par leur égoïsme, ils pensent bien que la révolution ne deviendra pas furieuse jusqu'au point d'anéantir leur fortune, ou bien ils croient que tout ce qui fait leurs plaisirs durera autant qu'eux.

Or, pour remédier à ce désordre, à cette honte de notre époque, que ceux qui le peuvent et le doivent étudient avec fermeté ; qu'ils ne se laissent pas abattre par les obstacles et les difficultés, afin de devenir des apôtres pour leurs frères égarés, pour la France et l'Europe.

SECONDE PARTIE

DES MOYENS PROPREMENT DITS

PREMIÈRE PARTIE

DE LA SCIENCE

CHAPITRE PREMIER

DU TEMPS QUE L'ON DOIT CONSACRER A L'ÉTUDE

Si les occupations nombreuses que l'on a ne permettent pas de consacrer à l'étude toute la journée et une partie de la nuit, cela est regrettable ; mais si ces occupations sont imposées par le devoir, il faut en prendre son parti, car, dans ce cas, l'étude n'est point une obligation première, et elle doit être mise au second rang. Mais quelque nombreuses que soient les obligations que le devoir impose, on peut consacrer en général six heures par jour à l'étude.

Je vais donner des règles pour ceux qui peuvent donner douze heures par jour aux travaux de l'esprit, parce que le plus grand nombre de ceux pour qui j'écris ce livre en ont le loisir ; ceux qui ne pourront disposer que de six heures, feront en deux jours le travail que j'indique pour une journée.

Que ces derniers ne se découragent pas ; quand ils auront étudié six heures par jour pendant un an, ils verront quelle science ils peuvent acquérir dans l'espace de dix, quinze, vingt ans, en n'étudiant que ce petit nombre d'heures.

Ainsi, si vous pouvez disposer de douze heures par jour, consacrez tout ce temps aux travaux intellectuels, remerciant Dieu qui vous fait la grâce de donner tant d'heures à l'étude ; et si vous ne pouvez étudier que six heures, remplissez les devoirs de votre état avec zèle et une fidélité irréprochable ; mais, ces devoirs remplis, ne perdez pas une seule minute.

Je viens d'indiquer douze heures d'étude par jour. Parmi mes lecteurs, il s'en trouvera peut-être qui se récrieront, et peut-être diront-ils ce que les païens criaient à S' Paul, en voyant son amour pour la croix, les souffrances et les humiliations : « C'est là une folie. » Je l'admets ; mais la folie de l'étude, quand on étudie pour Dieu et le bien des âmes, ne doit point être blâmée ; comme celle de S' Paul, on doit la louer et s'efforcer de l'imiter.

Mais il n'y a que ceux qui n'étudient pas ou qui n'aiment pas l'étude qui me blâmeront d'indiquer douze heures par jour pour les travaux de l'esprit. Ceux qui ont l'habitude de l'étude n'ignorent pas qu'on peut lire, étudier et composer durant douze heures, et se bien porter, et ne point trop fatiguer son intelligence et son corps. Bossuet, qui étudiait davantage, n'a jamais été malade, excepté quelques années avant sa mort, arrivée à l'âge de 77 ans ; et si l'on avait eu sous Louis XIV les moyens d'extraire la pierre que l'on a aujourd'hui, et qu'il eût voulu se laisser opérer, il aurait certainement vécu bien plus longtemps. Lisez la vie de ce grand homme, de cet écrivain infatigable et vous verrez qu'il se levait pour étudier, après avoir reposé seulement pendant quatre ou cinq heures.

Ceux qui ne sont pas encore persuadés par ce qui précède, le seront, j'ose l'espérer, quand j'aurai parlé du sommeil; car je ne puis faire différemment que de parler du repos de la nuit et du temps qu'on doit lui donner.

La journée est bien courte quand on passe douze heures étendu mollement dans son lit, dormant ou sommeillant, ou bien laissant errer son imagination au gré de son caprice; combien elle est longue, au contraire, quand on ne repose que six heures !

Combien d'heures doit-on donner au sommeil ? Jusqu'à trente-cinq ou quarante ans au plus, sept heures de sommeil suffisent; après trente-huit ou quarante ans, six heures, à cinquante ans, cinq heures.

Si le lecteur désire que je lui donne des raisons convaincantes pour lui prouver que sept heures et puis six heures de sommeil suffisent, je lui dirai : Quand vous êtes venus au monde, vous avez dormi d'abord à peu près et le jour et la nuit; à trois mois, vous dormiez moins; à six mois, vous vouliez déjà que l'on vous sorte et que l'on vous promène; à un an, vous faisiez encore un court sommeil durant la matinée et un autre dans la soirée; ensuite vous n'avez reposé pendant le jour que l'après-midi; à trois ans, vous avez cessé de dormir pendant le jour, mais votre mère vous couchait dès six heures du soir et vous levait le matin à sept ou huit heures.

Durant votre éducation vous dormiez neuf heures ;

de huit heures du soir à cinq heures du matin, et il en
a été ainsi jusqu'à dix-huit ans. Plus tard, vous n'avez
reposé que huit heures, de neuf heures du soir à cinq
heures du matin, ou bien de dix heures à six heures.
Or, ces retranchements successifs à votre repos de la
nuit ont-ils nui à votre santé? Non; eh bien, je dis que
plus vous avancez en âge, plus vous devez diminuer
le temps que vous consacrez au sommeil.

L'expérience prouve ce que j'avance. En effet, à
trente-cinq ans ou même à trente ans, vous vous éveillez
après avoir dormi sept heures, et si vous n'êtes pas
paresseux et que vous preniez l'habitude de vous coucher à dix heures et de vous lever à cinq, au bout d'un
mois vous ne pourrez reposer davantage, sans que
votre santé soit compromise, je veux dire sans que les
fonctions de vos organes ne s'accomplissent qu'avec
quelque gêne.

Les médecins donnent la raison du besoin du sommeil moins nécessaire, quant à sa durée, à mesure
que l'on avance en âge. Les enfants, disent-ils, dorment
plus que les adultes, parce que leur système nerveux
est plus irritable; or, le système nerveux perdant de
son irritabilité à mesure que nous avançons en âge, la
durée du sommeil doit aussi être moindre.

Cela dit, je reviens aux douze heures d'étude dont
je parlais tout à l'heure. Si l'on ne donne que sept
heures au repos de la nuit, il est facile de trouver
douze heures pour les travaux de l'esprit parmi les
dix-sept qui nous restent. En effet, je prends une
heure pour s'habiller, réciter sa prière, faire sa méditation; bien que, quand on aura étudié sérieusement
pendant quelques mois et que l'on aura la passion de

l'étude, un quart d'heure suffira pour sa toilette. Il faut une heure pour la Ste Messe, la préparation et l'action de grâces. Je mets demi-heure pour prendre son café, mettre en ordre ses comptes, réciter une partie de son office; trois quarts d'heure pour les repas, demi-heure pour le dîner et un quart d'heure pour le souper; après le repas de midi, une heure et demie de récréation ou de promenade, à la fin de laquelle on pourra réciter le chapelet, dire son office et faire la visite au St-Sacrement; demi-heure après le repas du soir, pour causer d'affaires, réciter l'office, la prière. Or, tous ces quarts d'heures, toutes ces demi-heures et toutes ces heures ne font que cinq heures, qui, retranchées des dix-sept, nous donnent douze heures pour l'étude.

Si l'on me répète que c'est trop, beaucoup trop, j'ajouterai encore aux raisons que j'ai données tout à l'heure. Je dirai à ceux qui se récrient : Lorsque vous faisiez votre éducation, alors que vous n'aviez que neuf, douze ou quinze ans, vous travailliez dix heures par jour; eh quoi! vous avez maintenant vingt-cinq, trente ans, et vous dites que c'est trop de douze heures ! Pesez cette raison, vous verrez combien elle est vraie.

Si vous le voulez, n'étudiez que six heures le dimanche et le jeudi; ces jours-là faites une promenade un peu longue, qui mette votre corps en moiteur. Ces promenades reposeront les organes qui sont au service de l'esprit, en même temps qu'elles donneront de la force et de la vigueur aux appareils de la nutrition, de la circulation, etc., et préviendront les infirmités qui assaillent le plus souvent, sur le déclin de l'âge, l'homme qui mène une vie sédentaire. Allez aussi une fois par mois passer un ou deux jours chez un ami. Faites chaque année un voyage de deux ou trois semaines. Mais après ces jours de repos, soyez inébranlable, soyez de fer et de granit pour l'accomplissement de votre règle, que rien ne puisse vous empêcher d'étudier pendant douze heures.

J'ai dit plus haut que l'on ne doit consacrer au sommeil que sept heures, je dois revenir et m'étendre sur cette mesure. J'ai déjà prouvé que sept heures suffisent, et que lorsque l'on aura atteint quarante ans, on devra retrancher encore une heure au repos de la nuit; j'ajoute que si on dort plus de sept heures, si à vingt-cinq ans on repose huit heures, on n'étudiera jamais sérieusement. Pourquoi cela? Parce que l'intelligence sera engourdie et que l'on ne pourra rendre son esprit attentif qu'avec de grands efforts. J'ai fait de cela mille expériences, qui m'ont forcé de conclure qu'il est nécessaire, pour les travaux de l'esprit, que le corps ait continuellement un petit mouvement de fièvre, occasionné par sept ou six heures de sommeil seulement.

Combien de fois, en effet, après être resté étendu sur son lit huit ou neuf heures, ne s'est on pas levé avec peine, ne s'est-on pas habillé avec lenteur et nonchalance! Combien n'en a-t-il pas coûté pour se mettre ensuite au travail! Ainsi plus on repose, moins on a d'ardeur pour le travail manuel et en particulier pour celui de l'esprit.

Que l'on n'objecte pas que ce léger mouvement de fièvre, si nécessaire pour l'attention et surtout pour la composition, que l'on éprouve quand on ne repose que six ou sept heures, peut nuire à la santé. Ce n'est pas celui qui travaille beaucoup qui est souffrant, mais le paresseux. On peut voir tous les jours la preuve de cette vérité. Non-seulement les hommes qui travaillent le plus sont ceux qui se portent le mieux : mais ce sont encore ceux qui vivent le plus longtemps. Je ne puis faire ici de la statistique; mais on a observé qu'en général les hommes d'étude ont une vie longue. Et la raison : le travail, le travail intellectuel surtout, donne de la force et de la vigueur à l'âme ; or, l'âme étant la forme du corps, quoi d'étonnant que cet être spirituel et immortel soutienne et fortifie l'être matériel qu'elle anime, alors que, usé par les ans, il devrait tomber et mourir ?

Qui n'a entendu parler, en France et dans le monde catholique, de ce grand évêque, grand par la force de son caractère, par sa piété, par sa douceur paternelle et surtout par son attachement à la chaire de Pierre, qui ne vit, depuis six ou huit ans, accablé sous le poids des infirmités, que parce que sa grande âme combat en lui contre la mort et la tient éloignée ?

On vient de le voir, il est essentiel à l'homme d'étude de ne reposer que six ou sept heures. A quelle heure doit-on se livrer au sommeil ? à quelle doit-on se lever ? Il faut se coucher à neuf heures et se lever à quatre heures toute l'année.

Qu'on ne dise pas que l'on ne repose que sept heures, si l'on se couche à onze heures et que l'on se lève à six. L'on se trompe, qu'on me permette de le dire, quand on croit ne reposer que sept heures, tandis que l'on se couche à onze heures. Le corps ne sommeille pas seulement quand il est étendu sur son lit, mais il dort en quelque sorte durant la veille, dès neuf ou dix heures du soir, à moins que l'on ne se lève le matin à huit ou neuf heures. Puis, ce n'est pas le sommeil du soir qui engourdit l'esprit, mais celui du matin. Mettez-vous au lit à huit heures du soir, levez-vous à cinq heures, vous reposerez neuf heures ; votre esprit sera moins engourdi à votre réveil que si vous vous étiez couché à minuit et levé à sept heures. Je ne sais pourquoi il en est ainsi, pourquoi un peu plus de sommeil le matin engourdit l'esprit, mais c'est là un fait que l'expérience démontre et qu'on ne peut nier. Levez-vous à cinq heures, vous vous trouvez bien disposé pour étudier ; levez-vous à quatre heures, rien n'égale votre ardeur pour l'étude, votre facilité d'attention, votre feu dans la composition. Levez-vous à six ou sept heures, vous n'avez ni goût, ni ardeur pour le travail.

Que de grandes conséquences résultent d'une heure de sommeil de plus ! que de talents rendus inutiles par suite d'une heure de sommeil de trop ! Songez-y donc, ô vous qui lisez ce livre, et qui soutenez que votre nature s'oppose à ce que vous étudiez ! retranchez à votre sommeil : au lieu de vous coucher à dix ou onze heures du soir, couchez-vous à neuf ou neuf et demie, et levez-vous à quatre heures, et vous surmonterez sans peine la difficulté que vous avez éprouvée jusqu'ici pour les travaux de l'esprit, et qui vous paraît insurmontable.

Que l'on n'objecte pas que c'est le trop de nourriture qui engourdit l'esprit, ruine peu à peu l'intelligence, fait de l'homme doué de raison de la matière pure en quelque sorte. Sans doute le trop de nourriture ajoute à l'effet déplorable produit par le trop de sommeil, mais ce n'est là qu'une cause secondaire.

J'ai dit plus haut que, parvenu à quarante ans, on ne devait donner que six heures au repos de la nuit et que ce petit nombre d'heures suffit pour remettre le corps et l'esprit de la fatigue de la journée ; de plus, quand on étudie beaucoup, dix, douze heures par jour, il arrive que l'on s'éveille après avoir reposé de quatre à cinq heures, on reste éveillé pendant une demi-heure ou trois quarts d'heure, puis on reprend le sommeil. Que prouve cela ? Qu'indique ce réveil, après avoir reposé ce petit nombre d'heures seulement ? Cela indique qu'aux gens d'étude cinq heures de sommeil suffisent. Que devez-vous faire quand, après avoir dormi quatre ou cinq heures, vous vous éveillez ? Devez-vous rester au lit et attendre que le sommeil revienne fermer vos paupières ? Non, car si après avoir dormi durant cinq heures et vous être éveillé naturellement, vous vous levez, si vous étudiez ensuite avec facilité durant douze heures et que vous vous portiez bien, vous ne devez pas dormir davantage ; vous devez vous lever après votre réveil, quatre ou cinq heures de sommeil vous suffisent.

Cependant, si, après vous être levé et avoir étudié deux ou trois heures, le sommeil revient, n'essayez pas de le vaincre, satisfaites-le. Bossuet, qui ne reposait pas davantage, après avoir prié et étudié, satisfaisait ce court besoin de sommeil, semblable à celui qu'éprouvent ceux qui ont l'habitude de reposer quelques instants après le repas du milieu du jour. Satisfaites ce besoin de sommeil, non en vous étendant sur votre lit comme faisait Bossuet, mais en vous couchant dans un fauteuil, afin de dormir moins de temps.

Après le grand sommeil, récitez votre office, votre

prière, faites votre méditation, étudiez l'Écriture Sainte ; après le petit sommeil, achevez votre toilette, puis composez, ou bien corrigez vos compositions, ou bien encore préparez vos travaux à venir.

On me dira peut-être : « J'ai essayé de me lever à quatre heures, quelquefois plus matin, et de ne reposer que sept heures ou cinq heures ; je n'ai pu étudier durant la journée à cause de la fatigue que j'éprouvais. » Cela vous est arrivé peut-être quand vous étiez plus jeune, alors que vous aviez besoin de huit heures de sommeil. Si vous éprouvez cela maintenant encore, c'est parce que vous avez contracté l'habitude de reposer beaucoup ; or, pour détruire une habitude, une mauvaise habitude surtout, il faut du temps. Si vous le voulez bien, si vous avez le soin de retrancher à votre repos un quart d'heure par semaine, au bout d'un mois, vous vous lèverez sans peine à quatre heures du matin.

Cette règle que je trace est-elle pour tout le monde, pour ceux qui ont une constitution forte, une santé robuste, et pour ceux qui sont faibles et maladifs ? Cette règle est pour ceux qui ont une constitution forte, comme Bossuet, et pour ceux qui ont une constitution maladive et sont continuellement souffrants, comme S' Bernard, qui ne laissa pas de dormir peu, d'étudier beaucoup, d'écrire de nombreux in-folio, et qui mourut à soixante-deux ans.

Si vous ne pouvez étudier d'abord dix, douze heures, ne concluez donc pas que votre constitution s'oppose à ce que vous consacriez tant d'heures à l'étude ; mais ayez bon courage, augmentez votre travail insensiblement, ajoutant cinq minutes par jour seulement, si vous le voulez, à votre tâche ordinaire. Quelle que soit votre constitution, croyez que vous parviendrez à étudier douze heures sans trop de fatigue, si vous suivez le conseil que vous venez de lire. L'eau qui ne tombe que goutte à goutte ne parvient-elle pas à creuser la pierre? La volonté de l'homme dans les choses possible n'est-elle pas plus puissante que la goutte d'eau? et le corps et l'esprit de l'homme sont moins durs et se prêtent davantage à ce que l'on exige d'eux que la pierre et le marbre qui se laissent creuser par l'eau qui tombe sur eux.

Ainsi il dépend de vous, ô mon lecteur, de vous priver, pour la gloire de Dieu et le salut de vos frères, des plaisirs et des amusements inutiles, d'abréger le temps de vos repas, de retrancher au repos de la nuit et de consacrer à l'étude douze heures, ou six heures seulement, si vos occupations sont nombreuses!

En parlant du temps à donner à l'étude, j'ai été obligé de parler du sommeil; je dois parler aussi de la nourriture, car la liberté et la force des organes qui sont au service de l'intelligence dépendent en grande partie des fonctions de l'appareil digestif. Voici les conseils que je dois devoir vous donner, pour que ces fonctions s'opèrent de manière à ne point troubler le travail de l'esprit.

Mangez à votre repas principal, c'est-à-dire à midi, de manière à apaiser votre faim ; qu'à ce repas il y ait à peu près toujours sur votre table de la viande rôtie, afin de calmer par elle l'irritabilité de votre système nerveux, car rien n'irrite les nerfs comme l'étude. Les Anciens disaient : *Sanguis moderator nervorum :* le sang ou bien la viande calme l'irritation des nerfs. N'oubliez pas cette parole. La viande rôtie et le vin peu trempé d'eau, avec les bains, sont les grands remèdes aux fatigues causées par les travaux intellectuels et à l'insomnie qui en est aussi le résultat.

Le soir, mangez peu, et à moins que vous éprouviez de l'insomnie, ne prenez que du maigre, afin que votre sommeil soit moins long et que vous vous éveilliez à quatre heures, ou bien à deux heures ou deux heures et demie, quand vous ne reposerez que cinq heures.

Ne prenez le matin qu'un peu de café, dans lequel vous pouvez mettre un peu de lait de temps en temps, pour faciliter les dernières opérations de l'appareil digestif quand cela sera nécessaire; vous tremperez un tout petit morceau de pain dans votre tasse de café. Si vous prenez autre chose le matin, si vous mangez davantage, vous n'étudierez jamais sérieusement.

Voyez combien il faut peu de chose pour rendre l'homme paresseux, pour faire d'un homme de talent, de génie même, un être inutile sur la terre : une heure de sommeil de plus, un peu plus de nourriture le matin.

Comme je viens de le dire, on peut de temps en temps mettre dans son café du matin quelques gouttes de lait, et même une plus grande quantité quand les fonctions de l'appareil digestif se feront difficilement; pour une raison contraire, on ne prendra jamais du chocolat, qui est difficile à digérer, cause de l'irritation, empêche les fonctions dont je parle et amène des infirmités avant un âge avancé. C'est des fonctions faciles et régulières du tube digestif que résulte le bon état de la santé et la prolongation de la vie. La fonction de cet organe sera aussi maintenue régulière par la promenade de sept à dix kilomètres que l'on fera le dimanche et le jeudi.

Ne prendre qu'un peu de café le matin n'est pas seulement une condition nécessaire pour pouvoir étudier, mais c'est là encore une condition pour se bien porter ; car en se levant à deux heures ou à quatre heures et en ne prenant qu'un peu de café à sept ou huit heures, on éprouve nécessairement un peu de faim à onze heures ; or, cette sensation, qui n'empêche pas d'étudier quand on en a l'habitude, enlève à l'estomac ce que les remèdes devraient lui ôter violemment quand on n'a pas le soin de le faire jeûner. Vous n'aurez jamais besoin de médecin, quand vous mangerez peu le soir, que vous ne prendrez qu'un peu de café le matin, que vous étudierez douze ou quatorze heures par jour et que vous emploierez les moyens que je dois encore indiquer.

J'ai dit tout à l'heure que les Romains avaient pour axiome, en médecine : *Sanguis moderator nervorum ;* ils avaient un autre principe pour se bien porter et qu'ils écrivaient sur la porte de leurs bains publics, savoir : *In balneis salus :* si tu veux te bien porter, prends des bains. En effet, rien ne repose et ne prévient les maladies aiguës comme les bains. Il faut donc prendre des bains quand on se sent fatigué, quand on a la fièvre, quand on éprouve dans son corps un grand feu, une grande irritation.

Quoique l'on soit bien portant et que l'on n'éprouve pas de la fatigue, on ne doit pas laisser que de prendre un ou deux bains par semaine, en été, et un chaque quinze ou vingt jours, en hiver. Ces bains donnent une force et une ardeur nouvelle pour l'étude. Il faut

les prendre à une température un peu plus élevée que
celle de son corps en hiver, moins élevée en été. La
main trempée dans l'eau indiquera la température
convenable. Le bain doit durer quarante minutes.

Malgré le régime que j'indique, il peut arriver que
l'estomac soit souffrant et que l'on ait besoin de prendre médecine, cela arrivera peut-être si l'on assiste
de temps en temps à de grands repas. Le mieux serait
de garder la diète et de ne prendre qu'un peu de
bouillon; si l'on demande des remèdes, que l'on fasse
usage des pilules d'Anderson. Mais si l'on veut être
à l'abri de tout embarras gastrique pendant trois ou
quatre ans, que l'on prenne l'huile de ricin; il serait
mieux encore de de faire usage de l'émétique. Le phar-
macien qui vendra ces remèdes vous indiquera la manière de les prendre.

Si, par suite d'une irritation de plusieurs années,
l'estomac ne pouvait se remettre malgré le régime,
les eaux de Vals et les médecines, que l'on applique
deux fois par jour sur l'épigastre des cataplasmes de
farine de lin; que l'on fasse au même endroit, quand
on souffre le plus, des frictions pendant cinq minutes
et trois ou quatre fois par jour avec de l'huile de jus-
quiamme.

Mais voilà que je me suis laissé entraîner par mon
sujet à faire un cours de médecine, moi qui ne suis pas
du tout médecin; je m'arrête. Je ne retrancherai pas
ce qui précède, pensant que les détails que j'ai donnés
pourront être de quelque utilité à ceux qui s'adonnent
aux travaux de l'esprit; je les ai pris pour la plupart
dans le livre de Réveillé-Parize, intitulé : *Physiologie
et Hygiène des hommes livrés aux travaux de l'esprit.*

Je viens de parler de la santé du corps, je vais parler brièvement de la santé de l'âme.

Les Romains disaient que pour l'étude et la science, il fallait être sain de corps et d'âme. Il doit en être ainsi. On ne peut étudier quand le corps est l'esclave de la maladie ; on ne peut étudier aussi quand l'âme est sous l'empire des passions, que l'on a appelées avec tant de raison *les maladies de l'âme*.

Car, comment pourrait-il étudier celui par exemple qui est dominé par l'amour, passion qui ne voit, qui ne veut et ne cherche que l'objet qui le maîtrise et l'aveugle ?

Celui qui a la passion du jeu n'étudiera pas non plus. Il jouera durant de longues heures, et quand il ne pourra jouer, il pensera au jeu ; il le désirera et attendra avec impatience que le moment de s'y livrer soit arrivé.

Il en est de même de celui que la soif de l'or ou des dignités et des honneurs tourmente : il ne peut rester assis dans son cabinet d'étude et étudier avec calme ; il va, il vient, il s'incline et se prosterne devant le maître, l'ami, le domestique ; tous les moyens qui peuvent servir à remplir son coffre, ou l'aider à s'élever, sont essayés tour à tour, comment pourrait-il étudier ?

Ces passions et toutes celles qui leur ressemblent, qui causent dans l'âme les plus grands troubles, ne sont pas les seules qui soient des obstacles aux travaux intellectuels. Votre âme n'est point entraînée par les passions, mais elle est sans force et tout abattue : on est jaloux de vous et l'on vous fait éprouver mille contrariétés ; on vous accuse d'ambition, ou bien on dit que vous êtes un insensé de ne reposer que cinq ou six heures et d'étudier douze ou quatorze heures ; on vous répète tous les jours que vous n'avez aucun talent et que vous ne retirerez aucun fruit de vos longs et constants travaux ; on vous enlève même le pain que vous mangez. Toutes ces contrariétés vous affectent, et vous ne pouvez étudier.

Quels moyens devez-vous prendre pour combattre vos passions, ou bien pour ne point laisser votre âme succomber sous le poids de la jalousie et des tracasseries qu'elle vous suscite ?

Comme je l'ai dit précédemment, l'étude est le remède énergique, efficace des passions. Étudiez donc ; suivez une règle ; lisez des livres qui vous attachent et vous intéressent ; ayez une correspondance suivie avec un ami, dans laquelle vous parlerez de vos passions, de vos défaites et de vos triomphes et des moyens que vous employez, et, dans peu de temps, vous deviendrez maître de vous-même. Ainsi, l'étude est le remède souverain pour combattre les passions qui lui sont un obstacle.

Pour les jalousies et les contradictions en particulier, elles deviendront faibles, sans pouvoir sur votre âme, si vous leur opposez les moyens que je donne. Si l'amour de la science remplit votre cœur, si votre grande préoccupation est de lire tel auteur ou de faire telle composition, toutes les tracasseries que pourra vous susciter la jalousie vous trouveront froid et insensible, et ne pourront vous troubler. Enfin, vous triompherez des jalousies et de ses contradictions si, quand vous êtes affecté, vous avez le soin de méditer sur cette passion, sur ses causes, c'est-à-dire la faiblesse du cœur humain et la supériorité de ceux qu'elle attaque, car on n'est

6

pas jaloux de ce qui est inférieur à soi. Quand, en passant dans les rues d'une ville, vous entendez un homme vous crier des injures, et que, vous étant tourné, vous voyez que cet homme a perdu la raison, ses injures ne vous affectent point, vous passez votre chemin, disant en vous-même : Ce pauvre homme est fou. De même quand vous aurez médité sur la jalousie et que vos semblables, ne pouvant souffrir que vous ayez du talent et que vous étudiiez avec ardeur et une fermeté inébranlable, s'attacheront à vous, vous déchireront en toute manière et feront naître sur vos pas mille obstacles, loin de vous tourner contre eux, vous continuerez votre chemin, disant en vous-même : Hélas! combien ls sont à plaindre, ils sont jaloux !

Ce sont là les moyens que l'on doit employer pour vaincre les passions et ne point se laisser abattre par la jalousie et les autres obstacles ; et, quand on aura obtenu ce résultat heureux et immense, quand votre corps sera devenu fort et robuste par suite de votre sobriété, quand vous serez le maître de vous-même, quand personne enfin n'aura le pouvoir de troubler votre âme ; alors vous consacrerez sans peine douze et quatorze heures par jour à l'étude ; vous étudierez avec un zèle brûlant, une ardeur infatigable, et vos pas dans le chemin de la science seront des pas de géant.

Je passe au chapitre second.

CHAPITRE II

DES AUTEURS A ÉTUDIER

Je n'entreprendrai pas de démontrer que, quelque talent que l'on ait, quoique l'on ait fait ses études d'une manière sérieuse, il faut, à vingt-cinq ans, prendre des livres et étudier ; que l'on ne peut composer, à moins d'écrire des contes ou des romans, si ce n'est après avoir puisé dans les auteurs un certain nombre d'idées. L'homme de génie lui-même, après vingt ou trente ans de méditations, ne serait qu'un savant médiocre, je veux dire ne posséderait qu'une science peu vaste, s'il ne lisait les auteurs qui l'ont précédé. Il en est de la science comme d'une grande ville qui se bâtit en plusieurs siècles : la génération qui arrive reçoit ce que l'on a fait précédemment ; elle y ajoute, et elle est imitée par les générations qui viennent après elle.

Et pourquoi en est-il ainsi de la science ? Pourquoi des générations nombreuses d'hommes et des siècles sont-ils nécessaires au développement de la science ? C'est parce que, comme dit Balmès, la science s'acquiert lentement, péniblement, et que la vie est courte. L'homme donc ne pouvant trouver, durant la vie la plus longue, qu'un certain nombre d'idées, s'il veut acquérir la science, il doit profiter des découvertes qui l'ont précédé et qui sont renfermées dans les livres ; il doit se hâter d'étudier et d'apprendre ce que les autres ont trouvé avant lui dans leurs lectures et leurs méditations, afin d'ajouter lui-même à la science, ou bien ,

afin d'avoir un grand nombre d'idées et un style perfectionné pour l'instruction de ceux dont il est ou doit
être un jour l'apôtre et le conducteur.

Quel est le premier livre que vous étudierez et sur
lequel vous élèverez l'édifice de la science ? La grammaire française.

Avec quelque zèle que l'on ait étudié durant ses
classes, quoique l'on ait appris la grammaire française avec le plus grand soin : à vingt-cinq ans on l'a
oubliée, ou bien on ne la sait qu'imparfaitement, ne
l'ayant jamais bien comprise. Car, pour comprendre la
grammaire française, il faut l'apprendre avec une intelligence développée, et au collége, comme au séminaire,
on cesse de l'étudier, alors que l'on est parvenu à un
âge où l'on est en état de la comprendre, de l'apprendre et de la retenir. Plût à Dieu que ce fût là le
seul défaut de l'éducation moderne ! Non-seulement
quand on termine ses classes, et je ne sais s'il existe
des exceptions, on ne sait pas la grammaire française
et le français, mais on ne sait non plus ni le latin, ni
le grec, ni l'histoire, ni la géographie, ni les autres
sciences, que l'on a étudiés pourtant durant de longues
années.

Il faut donc, si vous voulez acquérir la science et
apprendre à écrire, chercher parmi vos vieux livres
votre grammaire française et l'étudier ; car, si vous ne
la possédez pas, si vous ne connaissez pas bien
l'orthographe, la ponctuation, les règles de la syntaxe, vous ne pouvez écrire, pas même une lettre,
sans commettre des fautes considérables et les plus
grossières. J'ai connu un savant, l'admiration de tous
ceux qui avaient occasion de le voir, qui, après avoir

écrit une lettre, la portait chez un jeune homme intelligent et instruit, et la lui montrait pour qu'il en corrigeât les fautes de grammaire, non celles qui échappent quelquefois à l'écrivain le plus exercé, mais celles que l'on ne commet pas ordinairement. Ce savant s'était contenté de lire et de méditer, il avait peu écrit ; il avait su imparfaitement la grammaire quand il était jeune, et il ne l'avait pas étudiée plus tard. Mais il est inutile que j'insiste sur ce point.

Quelle grammaire française étudierez-vous ? Je vous conseille d'étudier la *Grammaire française* de MM. Lecomte et Ménétrier, à cause de son ordre et de sa clarté, grammaire adoptée et suivie dans un très-grand nombre d'établissements, tant en France, qu'en Belgique et en Suisse.

Vous étudierez de cette grammaire dix pages par jour. Vous lirez ces dix pages et vous les relirez ; vous les analyserez et les résumerez, et quand les règles ont du rapport entre elles, vous les renfermerez en une seule, afin de faciliter le travail de l'intelligence et de la mémoire. Ce que j'indique ici, c'est là ce que vous devez faire pour n'importe quelle science, et plus tard, pour la science en général, réduisant toujours le nombre de vos idées, à mesure que vous multiplierez vos connaissances, je veux dire, généralisant toujours vos idées particulières.

L'étude et le résumé de la grammaire française, en consacrant à ce travail trois heures par jour, demanderont un mois. Vous prendrez ensuite, des mêmes auteurs, le *Cours complet d'Exercices*, que vous ferez tous, appliquant et indiquant les règles. Vous vous aiderez dans cette étude du *Corrigé des Exercices*, si vous ne pouvez résoudre les difficultés que vous rencontrerez. Ce second travail demandera aussi un mois.

Vous étudierez après cela la *Grammaire française* de Bescherelle , un volume petit in-4°, et vous la résumerez aussi. En consacrant à l'étude de cet ouvrage trois heures , et en faisant l'analyse de cinq pages par jour, il vous faudra six mois environ.

Vous consacrerez ensuite deux mois pour faire une grammaire pour votre usage, la réduisant à quelques pages par l'analyse des règles que vous aurez étudiées dans Lecomte et Ménétrier et dans Bescherelle, ayant soin de laisser une page en blanc en face de celle que vous écrirez , pour noter les difficultés que vous rencontrerez dans vos compositions et leurs solutions. Vous consacrerez les deux derniers mois de cette année à revoir et à résumer la *Grammaire latine* de MM. Lecomte et Ménétrier, et leur *Grammaire grecque.*

Ainsi, vous emploierez à étudier les trois grammaires la première année où vous aurez résolu de recommencer vos classes. Durant cette année , ce sera là votre étude principale , j'indiquerai ensuite les études que vous devrez faire concurremment avec celle-là.

Car vous aurez toujours une étude que j'appellerai *principale,* sur laquelle toute votre attention devra être dirigée et à laquelle vous consacrerez toujours trois heures. Notre esprit ne pouvant se fixer longtemps , cinq ou six heures de suite sur un même objet , il faut donc varier son travail ; de plus, comme notre intelligence ne peut se partager également sur plusieurs sujets à la fois, parmi les études différentes de la journée, une d'elles doit être principale , les autres secondaires.

La seconde année vous étudierez la philosophie. Quel

auteur adopterez-vous ? Vous repasserez la philosophie dans Antoine Goudin, en 4 volumes. Chaque volume ayant 500 pages environ, il vous faudra toute l'année pour la voir, l'approfondir, l'analyser et la résumer.

Il y a dans la philosophie de Goudin des choses fausses touchant les sciences naturelles, en particulier, touchant l'astronomie; vous ne laisserez pas que d'étudier et de résumer les systèmes scientifiques dont le développement de la science a démontré la fausseté, leur connaissance étant nécessaire pour comprendre St Thomas, qui s'en est servi dans un certain nombre d'articles de sa *Somme théologique*.

L'étude principale de la troisième année sera l'étude de la *Somme* de St Thomas. En lisant, en méditant et en résumant par écrit et pendant trois heures trois articles de la *Somme* et quatre quand ils seront courts et faciles, vous mettrez quatre ans pour la voir et l'analyser.

Vous étudierez Billuard durant la septième et la huitième année; je parle de son commentaire sur St Thomas. Après avoir étudié et résumé la philosophie de Goudin et toute la *Somme*, Billuard aura peu de difficultés pour vous; le plus souvent vous le lirez avec intérêt et plaisir; à cause de cela, il ne vous faudra que deux ans seulement pour l'approfondir et le résumer.

Nous voilà à la neuvième année. Vous reprendrez la *Somme* de St Thomas avec les commentaires de Gaëtan et de Sylvius, et vous consacrerez deux ans aussi à la lecture du texte et des deux commentaires, ne faisant pas de résumé, mais notant les idées que vous n'aurez pas rencontrées dans vos études précédentes.

Quel sera votre travail principal de la onzième année et des années suivantes ? Ce sera la composition , à laquelle vous ne donnerez plus, comme précédemment, deux heures seulement, mais quatre , cinq , six heures, et le jour et la nuit, si les combats de Dieu et de l'Église le demandent. Mais c'est là la matière de la troisième partie.

Quand vous commencerez d'étudier St Thomas, vous devrez avoir une petite édition de cet ouvrage en neuf volumes in-16 , afin d'en porter toujours un sur vous en voyage. Car, depuis le moment où vous vous mettrez à étudier ce théologien incomparable, vous ne devez laisser passer aucun jour sans étudier quelques articles de la *Somme théologique*. Il faut lire la *Somme* tous les jours de votre vie ; il faut que , tandis que votre corps se développe ou s'entretient en prenant une nourriture matérielle , votre intelligence se développe et se nourrisse avec la science que vous puiserez dans l'Ange de l'École.

Et la raison ? C'est parce que la *Somme* de St Thomas est pour un écrivain catholique ce qu'est pour une ville forte que l'on assiége, un arsenal rempli d'armes et de munitions. La *Somme* de St Thomas renferme tous les principes nécessaires pour réfuter toutes les erreurs, et les erreurs anciennes, et celles qui se montrent tous les jours, et celles de Renan, et celle qui fait de l'homme un animal semblable aux autres, mais perfectionné, erreur enseignée aujourd'hui en Allemagne. Oui, la *Somme* n'est qu'une suite de principes irréfutables, dont l'intelligence de l'homme exercé tire les conclusions nécessaires pour réfuter et pulvériser les erreurs et les sophismes de tous les temps.

Un homme politique, sénateur du dernier empire et économiste distingué, demandait un jour à l'illustre P. Ventura, l'un des hommes les plus savants de notre époque, ce qu'il fallait étudier pour acquérir une grande science. Ce Père lui répondit : Étudiez la *Somme* de St Thomas ; vous trouverez dans ce livre, non-seulement la science théologique, mais la science que vous devez posséder et les principes que vous devez connaître, comme homme politique et comme économiste. Combien l'illustre théatin disait vrai.

La *Somme* renferme tous les principes pour établir n'importe quelle vérité, pour réfuter n'importe quelle erreur ; de plus, elle est comme une école, où l'on apprend à prouver une vérité, à poser un principe, à l'expliquer, à le développer et à en tirer avec force, clarté et évidence, les conclusions qui y sont renfermées.

Je viens de dire que la *Somme* était comme un arsenal et une école, elle est aussi comme un jardin, où toute chose est disposée avec ordre, clarté, simplicité, méthode : ordre, clarté, symétrie qui facilitent le travail de l'intelligence, reposent l'esprit et réjouissent le cœur.

Quand St Thomas expose et démontre, la *Somme* est comme un jardin agréable ; mais quand, comme l'Archange St Michel, il fond avec la puissance et la rapidité de l'aigle sur les ennemis de la vérité ; quand il attaque ses adversaires, les combat, les disperse, ou bien les détruit et les réduit en poussière, avec cette force et cette majesté admirable qui rendent sa victoire si grande et si belle ; oh ! quel spectacle sublime ! quel charme et quel enthousiasme ce livre divin ne fait-il point alors naître en votre âme ?

On disait à Jean XXII, qui voulait canoniser S* Thomas, qu'il manquait un miracle. Ce pape répondit, en parlant de la *Somme : Tot articuli, tot miracula :* Autant d'articles, autant de miracles. On rapporte que lorsque S* Thomas présenta un jour son livre à Dieu pour le lui offrir, il entendit cette parole sortir de la bouche du crucifix : *Bene scripsisti de me, Thomas :* Thomas, vous avez bien écrit de moi.

J'arrête ma plume, car, quand achèverait-elle d'exprimer tout ce que la *Somme* de S* Thomas a fait naître en moi d'amour, d'admiration, de reconnaissance. Lecteur, lisez S* Thomas ; étudiez-le, analysez-le, et vous ne pourrez vous empêcher aussi de l'aimer, de parler de lui avec les larmes de l'attendrissement dans les yeux et sur le visage.

La première étude, après celle de S* Thomas, durant les dix premières années, sera l'étude de l'Écriture Sainte. J'ai regret de dire que cette étude sera secondaire pendant les dix années que l'on consacrera à acquérir la science. On me pardonnera de parler ainsi si j'ajoute que l'étude de l'Écriture Sainte ne doit jamais être omise, qu'elle doit être faite tous les jours de notre vie et avant toute autre travail.

Je vais donner brièvement et rapidement plusieurs raisons pour montrer l'importance de l'étude de l'Écriture Sainte, je les ferai suivre de quelques détails pratiques.

Faut-il que je parle de la Bible considérée sous le rapport littéraire ? Quelle plume exercée ne faudrait-il pas pour parler dignement, pour donner une idée vraie et convenable des beautés sublimes et sans nombre renfermées dans ce livre divin ! Tout ce que le génie de l'homme peut créer de beau, de grand, de magnifique, d'étonnant, et de vrai, de simple, de naturel à la fois, est renfermé dans la Bible. Tout ce qui saisit le cœur plus fortement, le touche, l'attendrit, ou bien le frappe de crainte, de stupeur, est réuni dans ses récits, ses psaumes, ses prophéties. Quel tableau plus sublime que l'impie élevé sur la terre comme un cèdre superbe et qui au bout d'un moment n'est plus ! *Transivi, et ecce non erat !* (1) Quelle parole plus saisissante et plus terrible que ce *Tu es ille vir* (2) du prophète Nathan ! Lisez, sans éprouver je ne sais quoi de grand et de ravissant, le premier chapitre de la *Genèse;* sans ressentir je ne sais quoi de triste et de mélancolique, la chute d'Adam. Avez-vous jamais pu lire sans pleurer l'histoire de Joseph; sans soupirer et gémir sur vos fautes, les psaumes pénitentiaux de David; sans être saisi de frayeur, les prophéties de Jérémie; sans vous sentir élever au-dessus du monde et des siècles, l'*Apocalypse* de St Jean?

Parcourez le Nouveau Testament : quelle simplicité admirable et sublime dans les Évangiles ? Qu'elle force dans les Épîtres de St Paul, qu'elle majesté dans celles de St Pierre !

Si je considère maintenant la Bible sous le rapport scientifique, je dirai que tout ce que l'on a imprimé de St Augustin, tout ce que renferme de science la *Somme* de St Thomas, enfin tout ce que les Pères ont écrit, se trouve dans ce livre inspiré.

Eh ! quelle science ! Science dictée par l'Esprit de Dieu ! Science qui nous apprend ce qu'il faut croire, au milieu des erreurs que chaque siècle, chaque année,

____

(1) *Ps.* xxxvi, 36. — (2) II *Rois,* xii, 7.

chaque jour voit naître et grandir. Avec la Bible nous savons sciemment et évidemment quelle est notre origine et quelle sera notre fin; que deviendra ce quelque chose d'immatériel qui est en nous, qui nous crie qu'il ne mourra point avec le corps; nous savons enfin ce que nous devons faire durant notre court passage sur la terre. Sans la Bible nous ne sommes plus sur la terre que comme un navire sans boussole sur une vaste mer que la tempête irrite et rend folle, et sous un ciel que de noirs nuages dérobent aux regards inquiets du pilote et des passagers.

Qu'étaient les peuples, que sont-ils encore sans la Bible? Que sont les philosophes et les écrivains de nos jours, qui ne connaissent point ce livre si important pour l'homme? Lisez leurs ouvrages : les uns disent qu'il n'y a pas de Dieu; d'autres, qu'il n'y a pas d'éternité; d'autres, que l'âme n'existe pas; d'autres enfin, que le premier homme était un singe.

L'étude de la Bible est nécessaire en particulier à celui qui veut acquérir la science pour instruire ses semblables, parce qu'elle enseigne l'humilité, la modestie, l'abnégation de soi-même, le retranchement de l'ostentation, mobile de la plupart de ceux que leur talent, et principalement leur caractère et leur position élèvent au-dessus des autres hommes. Car, comment ne pas apprendre la pratique de ces vertus dans le livre des Prophètes et des Évangélistes, tandis qu'on en lit tous les jours les préceptes, qu'on en voit des exemples si touchants; comment surtout ne point se sentir porté à pratiquer ces vertus quand on voit la manière terrible dont Dieu punit l'homme arrogant, vain et superbe!

L'étude de la Bible est encore nécessaire à l'homme qui instruit les autres, à cause de l'onction qu'elle donne à ses paroles ; cette onction qui convertit avec cette force et cette autorité qui touchent, émeuvent, attendrissent, persuadent, ou bien qui frappent, ébranlent, attirent et font crier à Dieu, comme St Paul renversé sur le chemin de Damas : « Mon Dieu que voulez-vous que je fasse ? » La Bible fournit aussi des preuves sans nombre qui déterminent le plus souvent l'auditeur à faire ce qu'on lui demande. Quelle impression le célèbre Bourdaloue ne produisait-il pas sur Louis XIV et sa cour, quand il parlait de David, de ce grand roi qu'un moment de faiblesse, un regard fit tomber dans une faute si grande, et qui, touché de repentir, s'humilia devant Dieu, pleura son crime, et en fit une réparation si éclatante, comme on le voit par ses Psaumes ?

Voici maintenant les détails pratiques dont j'ai parlé. A cause de l'importance de la Sainte Bible, vous lirez ce livre, soit dans le texte, soit dans les commentateurs, tous les jours de votre vie. Pendant cinq ans, à partir du jour où vous recommencerez vos études, vous lirez l'Ancien et le Nouveau Testament, une fois chaque quatre mois ; par conséquent vous le lirez trois fois par an, et quinze fois en cinq ans. Comme la lecture de la Bible est la première étude que vous ferez durant la journée, que vous ne l'omettrez jamais, il vous sera facile de la voir en quatre mois, sans y consacrer trop de temps, de manière à diminuer le nombre d'heures données à vos autres travaux.

Après avoir lu le texte de l'Ancien et du Nouveau Testament pendant cinq ans, vous lirez la Bible de Carrière avec les commentaires de Ménochius, puis celle de Vense, à cause de ses dissertations remarquables ; enfin, celle de Duclos, *la Bible vengée*, ouvrage important, qui résout les objections faites contre ce livre inspiré. La lecture de ces différents ouvrages demandera de quatre à cinq ans. Vous prendrez ensuite Cornélius à Lapide ; cette dernière lecture terminée (elle exigera peut-être dix ans), vous reprendrez le texte de l'Écriture Sainte, vous le lirez, vous le méditerez, cherchant des preuves pour vos compositions ; vous lirez et vous méditerez le texte de la Bible, comme je l'ai dit, jusques à votre mort.

Quand vous ferez la lecture de Cornélius à Lapide, rien n'égalera votre joie et votre plaisir. Car vous aurez étudié et résumé alors St Thomas avec ses commentateurs les plus célèbres, vous aurez lu Bossuet, Bourdaloue, etc. ; or, quelle ne sera pas votre joie et votre bonheur, dis-je, quand vous trouverez dans Cornélius ce que vous aurez lu dans St Thomas, dans Bourdaloue, dans Bossuet : dans St Thomas, traité avec cette profondeur de génie et cette clarté qui le caractérisent ; dans Bourdaloue, avec cette logique, cet enchaînement de preuves qui lui sont propres ; enfin dans Bossuet, avec cette force, cette élévation, cette magnificence qui étonnent et ravissent ; vous prendrez ces auteurs et vous relirez les passages que Cornélius vous rappellera, quittant ce commentateur pour aller vous asseoir en quelque sorte sur les bancs de l'école de St Thomas ; puis, pénétrant dans la chapelle de Versailles et écoutant avec une attention avide la parole de Bourdaloue, ou bien allant entendre les transports divins de Bossuet, parlant sur la tombe des rois.

Pendant combien d'heures étudierez-vous l'Écriture Sainte?

Vous l'étudierez une heure par jour; une heure suffira pour la voir, durant les premières années, une fois chaque quatre mois.

L'étude la plus importante, après celle de la Bible et de la science proprement dite, est l'étude de l'histoire, l'histoire ecclésiastique et l'histoire profane, étude que vous ferez aussi durant toute votre vie.

Si l'Écriture Sainte renferme toutes les vérités que nous devons croire et pratiquer ; si en nous les enseignant, elle nous pénètre d'amour pour Dieu, nous donne du mépris pour notre bassesse et notre néant, et pour les biens et les plaisirs du monde, l'histoire renferme des applications nombreuses des vérités enseignées dans l'Ancien et le Nouveau Testament, et en faisant passer devant nos yeux les hommes qui ont vécu sur la terre, dont elle loue les vertus, blâme les vices, elle nous apprend d'une manière vive et frappante quelle doit être notre conduite ici-bas, à travers le monde.

La lecture de l'histoire ne sera pas seulement utile pour vous, elle sera utile encore à ceux que vous instruirez, à cause des exemples que vous tirerez d'elle. Que de fois la citation d'un fait a convaincu et entraîné un auditoire qui, jusqu'à ce moment, était resté froid et insensible, après avoir entendu les raisons les plus fortes et les plus évidentes ! Le peuple écoute toujours avec une attention soutenue le récit d'un grand fait historique ; ou bien d'une action simple d'un homme illustre par sa science ou sa valeur ; et quand l'orateur tire d'un fait historique des conséquences vraies et ingénieuses, l'auditeur s'émeut, tressaille, et se hâte de donner son assentiment.

Combien aurait de force dans un sermon ou dans un livre, pour combattre le luxe et la volupté de ce siècle, la vie abrégée d'un des saints personnages des premiers temps de l'Église, ou bien d'un des grands saints du onzième ou du douzième siècle, qui, au milieu du relâchement qui régnait alors, brillèrent avec tant d'éclat par leur simplicité, leur mortification, leur sainteté ; ou encore d'un des saints de nos jours, de Benoît Labre, du curé d'Ars ! Les gens du monde, qui ne voient plus Dieu conduisant l'univers, la terre et ses royaumes, ne seraient-ils pas frappés si, à l'exemple de St Augustin et de Bossuet, on faisait passer devant eux les empires, leur naissance, leur accroissement et leur élévation, et puis leur décadence, leur dépérissement et leur chute ; indiquant et énumérant les causes de leurs prospérités et celles de leurs ruines, les mêmes pour tous les peuples, c'est-à-dire le culte de la bête, la volupté avec toutes ses tristes et lamentables conséquences s'étendant depuis celui qui est assis sur le trône jusqu'au dernier du peuple, qui enlève les immondices dans les rues et sur les places publiques ?

L'étude de St Thomas vous donnera pour vos sermons et vos ouvrages comme le squelette osseux, avec le cerveau, les nerfs et les muscles ; St Augustin, St Jean Chrysostôme, St Bernard, Bossuet, vous fourniront le cœur, le sang et la chair ; l'Écriture Sainte, la beauté, les grâces touchantes, les nobles et doux sentiments, souvent la force, l'énergie, l'élévation et le sublime : l'histoire apportera avec elle un surcroît de vie, un mouvement que votre œuvre n'avait pas encore.

Comme pour l'Écriture Sainte, vous donnerez à l'histoire une heure. J'ai dit que vous la lirez tous les jours de votre passage sur la terre, car l'histoire s'oublie, vous devez savoir avec quelle facilité ; pour remédier à ce défaut de votre mémoire, vous lirez l'histoire durant toute votre vie.

Pour les auteurs : vous prendrez d'abord Fleury; vous lui accorderez toute votre confiance et tout votre amour, pour les premiers siècles de l'Église ; vous vous défierez de lui pour les siècles suivants, quand, pour complaire aux hommes puissants de son époque, il s'écarte un peu de ce respect filial que tout chrétien doit au Saint-Siége. Les nombreux détails qu'il donne, en racontant la vie des grands saints du onzième et du douzième siècles, vous consoleront de la manière dont il parle des Souverains Pontifes, en particulier, touchant le pouvoir temporel des rois. La société actuelle ne serait pas atteinte de plaies si grandes, peut-être incurables, si les Papes avaient conservé leur autorité sur le pouvoir temporel des rois. Comment Fleury et les autres écrivains de son siècle n'ont-ils pas vu que l'indépendance absolue des rois par rapport aux Papes, quant au temporel, nous conduisait à la révolution ? Quoi de plus évident que les peuples se rendent indépendants vis-à-vis des rois, si les rois ne veulent dépendre en aucune façon des Souverains Pontifes, représentants de Dieu, par qui les rois règnent? Les rois n'ont plus voulu être sous la domination des Souverains Pontifes ; les peuples n'ont plus voulu obéir aux rois, ils ont pris les rois, ils les ont fait monter sur un échafaud et les ont fait mourir. Fleury et les autres auteurs du dix-septième siècle n'ont pas vu ou n'ont pas voulu voir, la fausseté des principes qu'ils posaient, principes dont nous voyons aujourd'hui et dont nous subissons les terribles conséquences.

Après Fleury, vous lirez Rochbacher. Rochbacher vous fera oublier les défauts de Fleury, en vous prouvant à toute occasion son grand dévouement au Saint-Siége ; il vous portera à aimer le Souverain Pontife et à vous attacher à lui. Aimer le Pape, c'est là un amour nécessaire en particulier à l'époque où nous vivons. Si nous n'aimons de l'amour le plus ardent et le plus fidèle l'évêque infaillible de Rome ; si même, en racontant des faits qu'on pourrait passer sous silence ou du moins dire brièvement, des actes de quelques papes qui étaient chefs de l'Église, mais obligés, comme les simples fidèles, d'avancer dans la perfection et de combattre, comme dit St Paul, contre leurs passions, nous nous éloignons de l'amour et du respect que nous devons à cette suprême dignité, qui aimerons-nous, qui respecterons-nous dans ce monde ?

L'amour de Rochbacher et son respect pour le Saint-Siége vous feront lui pardonner son caractère brusque, qui se montre quelquefois dans ses écrits ; en lisant ses satires amères, semées d'expressions trop fortes qui lui échappent, vous répèterez en souriant ce que l'on ne peut s'empêcher de dire d'Homère, en lisant ses longs discours dans l'Odyssée :

Quandoque bonus dormitat Homerus.

La lecture de Fleury vous demandera trois ans environ, celle de Rochbacher également. Vous lirez ensuite l'histoire ancienne, puis l'histoire romaine de Rollin, l'histoire de France du P. Daniel où celle d'Anquetil, ou mieux l'une et l'autre, l'histoire d'Angleterre par Lingard, l'histoire de la Révolution Française par Amédée Gabourd.

Vous lirez rapidement les histoires profanes, afin de revenir souvent à Fleury et à Rochbacher.

Après l'histoire, il reste plusieurs autres études à faire, que vous ne devez pas négliger. La plus agréable et la plus importante de ces études est assurément la lecture des chefs-d'œuvre des langues française, latine, grecque, italienne, espagnole, portugaise. Vous lirez ces chefs-d'œuvre, et vous les lirez en leur langue; l'étude d'une langue, pour en lire les ouvrages, ne demande que cinq ou six mois. Qu'on ne dise pas que je recommande une chose impossible. Car, de même que l'avare sent tous les jours sa soif pour l'or augmenter à mesure que ses coffres se remplissent et que ses trésors se multiplient; de même que l'ambitieux ne compte pour rien les honneurs qu'il possède, s'il n'arrive pas aux dignités et aux grandeurs qu'il n'a pas encore; ainsi l'homme d'étude sent, à mesure que sa science augmente, sa soif pour elle devenir de plus en plus brûlante; plus il étudie, plus il s'instruit, et plus il veut lire et apprendre; que dis-je? il veut tout lire, tout étudier, tout méditer, tout apprendre, tout savoir, jusqu'à ce qu'il arrive à la limite du mystère, où jetant alors un regard sur les connaissances sans nombre qu'il ne peut acquérir, et voyant combien sa science se réduit à peu de chose, il s'arrête et s'incline devant Dieu, confessant sa bassesse, sa faiblesse et son néant. Quand vous aurez étudié dix ou douze heures par jour, pendant quelques années, telle sera votre soif pour la science.

Ainsi vous lirez les chefs-d'œuvre des langues que je viens de nommer. Après eux vous prendrez les auteurs qui ont écrit dans les siècles qui ont suivi immédiatement l'âge d'or des littératures et occupent une place élevée parmi les écrivains célèbres ; mais la lecture de ces auteurs devra être rapide, à moins qu'elle ne soit nécessaire à vos travaux intellectuels. Il est plus avantageux de lire plusieurs fois les chefs-d'œuvre des grands écrivains que d'étudier des auteurs qui sont d'une utilité moins grande.

Vous commencerez la lecture des chefs-d'œuvre dès que vous recommencerez vos études : vous consacrerez à cette lecture trois heures par jour. Vous lirez la première année : La Fontaine, Molière, Boileau, Corneille, Racine, Massillon, Bourdaloue, Fénelon. Vous lirez de ces auteurs non-seulement les chefs-d'œuvre, mais tout ce qu'ils ont écrit, sans en excepter leurs correspondances. Les œuvres imparfaites de ces grands écrivains, composées dans leur jeunesse, vous apprendront que, malgré un génie élevé, pour bien penser et bien écrire, il faut avoir un certain âge ; et vous vous consolerez en lisant ce qu'ils ont fait de médiocre, écrits qui passent à la postérité, à cause des œuvres remarquables qui les ont suivis, de vos imperfections désolantes entre vingt-cinq et trente ans, qui feront naître en vous cent et cent fois le dégoût le plus grand, et vous feront peut-être prendre la résolution, que vous ne mettrez pas à exécution, je l'espère, de cesser d'étudier, en particulier de ne plus écrire ni composer. La plupart de ces illustres écrivains vous apprendront par leurs lettres, combien il en coûte de faire des phrases correctes, d'employer des termes propres, de donner à ses idées de la suite et de la liaison. Ils vous parleront de leurs ratures, de leurs efforts et de leur patience ; et cela vous aidera à surmonter votre ennui, quand, dans vos compositions, l'expression tarde à venir ou bien est défectueuse. Boileau vous dira qu'il est paresseux : vous sourirez ; sa paresse provenant sans doute de la fatigue, de l'ennui, du dégoût que lui causaient parfois les vers qu'il faisait si péniblement, et qu'il ne livrait jamais à l'impression que son goût difficile et sévère ne fût satisfait. Vous lirez dans une lettre de Racine, qu'après qu'il eut composé son ode *La nymphe de la Seine,* on lui fit apercevoir que les Tritons, dont il parlait dans la dernière stance, qu'il avait placés dans les fleuves, n'avaient jamais habité que les mers ; ce qui le contraria au point qu'il s'écrie en parlant d'eux : « Je les ai souhaité bien des fois noyés, tous » tant qu'ils sont, pour la peine qu'ils m'ont donnée. » J'ai donc refait une autre stance. »

Les auteurs que j'ai énumérés ci-dessus, demanderont toute la première année ; l'année suivante, vous lirez Bossuet, vous le relirez la troisième année. Et la raison de cette lecture répétée ? Lisez ce grand maître, ce grand écrivain, ce profond philosophe, ce théologien qui a mérité par sa science sacrée d'être appelé Père de l'Église, et vous saurez la raison que je ne vous donne pas ; Bossuet seul peut vous apprendre combien il est utile, combien il est important de lire et de relire ses chefs-d'œuvre.

Pendant la quatrième année, vous lirez très-rapidement, après avoir obtenu la permission de Rome et de votre confesseur de lire les livres mis à l'*Index*, les écrits de J.-J. Rousseau et de Voltaire ; afin de citer ces auteurs, et par leurs propres paroles, réfuter leurs erreurs, montrer leur mauvaise foi ou leur malheureux aveuglement.

Il n'est pas à craindre que la lecture de ces écrivains nuise à votre science et à votre piété. Quand vous parcourrez J.-J. Rousseau et Voltaire, vous aurez étudié la *Somme* de St Thomas, Bossuet; vous réfuterez sans peine les erreurs et les sophismes de ces philosophes. De plus, en lisant leur correspondance, en voyant leur conduite, vous sentirez grandir en vous le dégoût pour le monde, et augmenter votre amour pour Dieu et les choses de Dieu. Vous verrez combien est à plaindre et digne de compassion l'homme impie, ou aveuglé par l'orgueil, quand vous lirez dans la vie de J.-J. Rousseau, qu'il appelle *Mes Confessions*, ces paroles : « Qui, après avoir lu ces mémoires, dira : « Je fus meilleur que cet homme là? » et que vous comparerez sa triste vie avec celle de Bossuet, de Fénelon, du moindre des fidèles qui aime Dieu et obéit à ses commandements.

Jean-Baptiste Rousseau, les petits poëtes avant le grand Siècle, ceux du dix-huitième suivront ou précèderont la lecture de Voltaire et de J.-J. Rousseau. Ces auteurs vous prendront peu de temps.

La cinquième année, après avoir repassé une fois encore la grammaire latine, vous remonterez au siècle d'or d'Auguste, et vous pénètrerez dans le temple magnifique de la littérature latine. Sans doute les fondements de ce temple sont faits d'argile, comme les pieds de la statue que Nabuchodonosor vit en songe; ses dieux sont d'infâmes divinités; mais qui se lassera d'admirer la beauté de ses colonnes, de ses marbres, de ses statues, de contempler ses grandes et admirables proportions ?

Vous aborderez donc la littérature latine, et vous en lirez les chefs-d'œuvre. Vous commencerez par Virgile, après Virgile vous lirez Horace, puis Virgile encore ; et après avoir lu deux fois ce doux et délicieux poëte, vous le mettrez avec respect dans votre bibliothèque et vous ne le lirez plus, pas même dans vos moments de loisir. La raison pour laquelle vous ne devez lire que deux fois les œuvres de Virgile ? je vais vous la dire.

Fleury raconte le trait suivant dans son histoire ecclésiastique : « Odon, qui fut abbé de Cluny, com» mença à s'appliquer à la prière et à l'étude, priant la » nuit et lisant pendant presque tout le jour. Après » avoir étudié la longue grammaire de Priscien (il » avait alors dix-neuf ou vingt ans), il fut détourné » de la lecture de Virgile, par un songe où il vit un » vase très-beau en dehors, mais plein de serpents ; et » laissant les poëtes, il s'abandonna tout entier à l'étude » des interprètes de l'Écriture Sainte. » Il ne faut donc pas consacrer trop de temps à la lecture de ce poëte.

Après Virgile lisez rapidement Ovide, et plus rapidement encore Lucain, Lucrèce, Térence, Plaute, Catulle, Tibulle ; gardez dans votre mémoire les passages qui vous frapperont, et qui pourront vous servir pour vos écrits, pour donner de la force à vos raisons, pour ajouter à la conviction de vos auditeurs. Vous lirez encore Phèdre, Juvénal, Perse, Martial.

La lecture des poëtes terminée, vous prendrez Cicéron : Cicéron, dont vous lirez les plus beaux discours quand vous aurez un plaidoyer à faire, un discours académique à écrire. Quintilien, Tite-Live, Salluste, Tacite suivront l'orateur de Rome ; je vous conseille de lire Tacite deux fois : on lirait ce célèbre historien jour et nuit, s'il n'était pas nécessaire d'étudier avec soin et lentement la philosophie, la théologie, les Pères.

C'est à regret que je passe aux autres auteurs, et que je parle si brièvement de Cicéron et de Tacite. Parcourez les Commentaires de César, l'histoire naturelle de Pline, Quinte-Curce, Justin, Lactance, Cornélius Nepos, Quintilien, auteurs dont vous n'avez expliqué que peu de chapitres durant vos classes.

Voilà les auteurs latins dont vous devez faire la lecture. Si vous me demandez pourquoi je vous conseille de lire tant d'auteurs latins, je vous répondrai que lorsque une femme du peuple va après la moisson glaner dans la campagne, elle cherche les épis oubliés non-seulement dans un champ, mais dans tous ceux qui sont à proximité de sa demeure et où elle peut se rendre : de même vous devez lire les auteurs indiqués plus haut, car dans tous vous trouverez quelque chose à glaner.

J'arrive aux chefs-d'œuvre de la langue grecque. Relisez la grammaire de cette langue avant d'entreprendre la lecture des écrivains de la Grèce, comme vous avez relu la grammaire latine avant de lire les auteurs latins.

Si vous avez oublié le grec depuis que vous avez cessé de l'étudier, prenez les fables d'Esope et traduisez-les ; traduisez de même les dialogues de Lucien. Quand vous aurez terminé ce travail, vous aurez peu à faire pour lire et comprendre les autres auteurs.

Après Ésope et Lucien, Homère sera le premier auteur que vous lirez. Vous lirez Homère lentement, très-lentement. Homère pour la poésie et la littérature en général, Démosthène pour l'éloquence, voilà les deux sources auxquelles vous devez puiser sans cesse, et durant votre adolescence, et durant votre virilité, mettant en pratique le précepte d'Horace :

> .... *Exemplaria græca*
> *Nocturna versate manu, versate diurna :*

Lisez les ouvrages grecs et ne cessez de les lire ; lisez-les le jour, lisez-les la nuit.

Si vous voulez apprendre à écrire avec ce naturel, cette simplicité, cet intérêt et ce sublime que l'on trouve dans Homère, lisez vingt-quatre fois les vingt-quatre chants de l'*Odyssée,* lisez ensuite autant de fois l'*Illiade;* et si vous voulez apprendre à parler avec éloquence, lisez Démosthène, suivant le précepte d'Horace, et le jour et la nuit. Quintilien, l'illustre critique latin, a dit que l'éloquence avait quitté la tribune de Rome, quand les hommes publics avaient cessé d'étudier Démosthène. Ne commettez donc pas cette faute vous qui êtes appelé à parler devant vos semblables. Si vous devez parler un jour en public, si vous devez être un jour membre d'une assemblée délibérative, lisez tous les soirs, avant de vous donner au sommeil, un chant d'Homère et une harangue de Démosthène.

Si le lecteur me rappelle en ce moment la vision de S⁏ Odon, je répondrai ainsi : Comme vous ne lirez Homère et Démosthène que pour apprendre à écrire ; que vous leur déroberez leur art et leur éloquence, pour travailler avec plus de succès à la gloire de Dieu et au bien de vos frères, et que vous ferez comme les chrétiens sous Constantin, qui prirent les temples des païens et les consacrèrent au vrai Dieu; Dieu ne vous en voudra pas d'étudier ces auteurs, à cause des richesses sans nombre que vous trouverez en eux. Puis, Virgile n'a point la simplicité, le naturel, la vérité d'Homère, ni l'art infini et l'éloquence de Démosthène.

Après Homère vous prendrez le sublime Pindare, puis Théocrite, Eschyle, Euripide, Sophocle. Lisez deux fois ce dernier poëte : que de tableaux ne vous fournira-t-il pas pour vos compositions ! que de beaux, de nobles, de sublimes et à la fois de simples, de doux, de touchants et de naturels sentiments ne trouvez-vous pas dans ses tragédies !

Après les poëtes vous lirez Platon, le divin Platon. Vous le lirez deux fois, à cause de la beauté de son style. On a dit de lui que si les dieux descendaient sur la terre et venaient habiter parmi les hommes, ils parleraient la langue de Platon. Je passe outre, que de volumes ne me faudrait-il pas écrire pour relever les qualités et les beautés des auteurs que je nomme !

Aux poëtes et à Platon, vous ferez succéder Aristote, ensuite les historiens : Hérodote, pour qui vous aurez du respect et qui devra occuper dans votre bibliothèque une place d'honneur, car, comme vous le savez, c'est le père de l'histoire profane. Après Hérodote, vous parcourrez Thucydide, Xénophon, Plutarque. Prenez aux grands hommes de Plutarque leur simplicité, leur modestie, et surtout leur force, leur énergie et leur constance pour triompher des obstacles et arriver au but qu'ils se proposaient.

Quand vous aurez terminé la lecture des poëtes, de

Platon et des historiens, vous ferez une halte : vous fermerez vos livres; vous sortirez de votre cabinet d'étude; vous irez passer deux ou trois jours chez un de vos amis, ou bien vous irez à la chasse, ou bien vous visiterez un sanctuaire de Marie; et après vous être reposé de la fatigue causée par vos travaux précédents, après avoir recouvré toute votre force d'attention, toute votre intelligence et toute votre sensibilité, vous lirez le plus grand des orateurs, le plus grand des littérateurs, le grand Démosthène.

Démosthène! Si Démosthène était grand seulement par l'éloquence et que vous ne dusssiez le lire que pour composer des sermons ou des discours, je vous aurais demandé moins de préparation, d'attention, de recueillement; mais les discours de l'orateur grec étant des chefs-d'œuvre d'éloquence et de style, de clarté, de simplicité, de naturel, de force et de douceur, d'art caché, d'insinuation et de coups inattendus; cet orateur étant enfin pour les lettres ce qu'est Raphaël pour la peinture, qui a réuni en lui les qualités du Corrèze, de Michel-Ange, du Titien, du Dominiquin, je ne saurais vous demander trop de préparation, d'attention, d'ardeur, d'enthousiasme pour l'étude lente, approfondie et répétée de ses immortelles harangues.

On voit tous les jours des hommes éloquents, on en voit rarement qui parlent avec simplicité, naturel, clarté, ordre dans les idées et liaisons comme parlait Démosthène.

On me demande la raison pour laquelle Démosthène, comme orateur, possède de si grandes et de si nombreuses qualités : je vais la dire. Ce n'est pas parce qu'il avait un grand génie : Bossuet avait plus de génie que lui ; c'est parce qu'il refaisait trente et quarante fois ses compositions. L'illustre d'Aguesseau disait dans un discours qu'il prononçait devant des jeunes gens : « Nous nous étonnons de ce que les écrivains grecs et latins ont composé des chefs-d'œuvre qui excitent notre admiration, soulèvent notre enthousiasme ; et quand nous comparons ces chefs-d'œuvre aux pâles et médiocres écrits qui sortent de nos mains, nous gémissons. Ah! cessons de nous étonner et de nous attrister, et de maudire notre faible génie, en voyant le peu que nous faisons pour cultiver notre talent et corriger nos écrits. »

Lisez donc Démosthène et relisez-le, afin de prendre dans ses harangues ces qualités nombreuses de l'orateur et de l'écrivain qu'il avait acquises par le travail le plus opiniâtre et le plus constant. Faites relier le volume qui contient ses discours avec une couverture très-forte, car, devant le lire tous les jours, cet exemplaire que vous ne voudrez pas remplacer, parce que vous vous y attacherez et que vous l'aimerez, devra être relié d'une manière solide pour résister à un long usage. Faites graver sur la couverture les paroles d'Horace :

Exemplaria græca
Nocturna versate manu, versate diurna.

Et au-dessous :

Πλέον ἐλαίου ἢ οἴνου (1).

Après avoir lu une première et une seconde fois les harangues de Démosthène, ne manquez pas de lire sa vie. Vous verrez en lisant ce que l'on raconte de lui, combien son travail pour apprendre a été persévérant, et vous ferez cette remarque, que si Démos-

____

(1) Plus d'huile que de vin.

thène a atteint la perfection dans l'éloquence, ce n'est point à son génie seul qu'il le doit, mais, comme je l'ai dit, à ses grandes études et à ses longues veilles.

La lecture d'Isocrate, à qui Quintilien et Fénelon donnent les plus grands éloges, suivra celle de Démosthène. Vous lirez ensuite Eschine.

Voilà les auteurs grecs et latins que vous étudierez, après les chefs-d'œuvre de notre langue. En consacrant à cette étude trois heures par jour, elle demandera deux ans environ.

Cette lecture achevée, vous vous hâterez de prendre les Pères de l'Église ; vous lirez St Augustin, Tertulien, St Ambroise, St Grégoire le Grand, St Jérôme ; puis St Jean Chrysostôme, St Bazile, St Grégoire de Nazianze, Origène. Je passe encore à regret ces illustres et pieux écrivains sans les louer et les admirer ; car louer St Augustin, St Jérôme, St Basile, St Jean Chrysostôme, etc., demanderait un temps infini.

Quand vous aurez lu les Pères, ô mon cher lecteur, qui avez plus de talent assurément que je n'en possède, ayant acquis une très-grande somme d'idées, et donné à votre intelligence le plus grand développement, ce sera à vous à choisir parmi les écrivains, tant anciens que modernes, anglais, italiens, allemands, espagnols, portugais, dont vous aurez lu les critiques dans les cours de littérature que j'indiquerai tout à l'heure, ceux qui devront faire encore l'objet de vos études ; vous relirez après cela les auteurs qui vous donneront les matériaux les plus abondants pour vos compositions.

J'ai dit que vous consacrerez trois heures à la lecture des chefs-d'œuvre ; vous donnerez une heure à la lecture de la Bible , une heure à celle de l'histoire, et trois heures à S¹ Thomas; voilà donc huit heures employées , il ne nous en reste que quatre : à quoi consacrerez-vous ces quatre heures ?

Vous consacrerez demi-heure à l'étude des sciences naturelles, à la botanique , la géologie, la zoologie, l'astronomie, la chimie, la physique; ensuite aux sciences mathématiques, l'arithmétique , l'algèbre, la géométrie. Vous étudierez d'abord les sciences naturelles dans des ouvrages d'un volume, puis dans des ouvrages d'une plus grande étendue.

Il est important que vous ayez des notions claires et nombreuses sur les sciences naturelles et mathématiques. Car, quelle influence exerceriez-vous, combien peu d'ascendant auriez-vous sur ceux que vous devez instruire ou avec qui vous vivez, si dans vos écrits ou dans vos discours, quand l'occasion l'exige , on vous voyait rester muet, ne pouvant donner des explications nécessaires ou très-utiles que l'on attend ?

Puis quelles ressources abondantes un écrivain ne peut-il pas tirer de ces sciences , qui sont les sciences de notre siècle à cause de leurs applications nombreuses aux arts, au commerce et à l'industrie ! En outre, combien ces sciences ne prêtent-elles pas à l'imagination ? ne sont-elles pas favorables aux idées de Dieu , de la Providence, conduisant le monde avec ses êtres innombrables ?

Vous consacrerez une autre demi-heure à la géographie ; vous l'étudierez dans les livres et surtout sur les cartes.

Nous n'avons plus maintenant que trois heures ; sur ces trois heures, il faut en prendre deux pour la composition et pour le style ; il ne nous reste plus qu'une heure à donner aux travaux de l'esprit.

A quoi consacrerez-vous cette heure ? Vous étudierez d'abord le *Droit-Canon* de Thomassin, édité et annoté par M. le docteur André, ancien curé de Vaucluse. Cet ouvrage, ayant sept volumes petit in-8°, demandera un an environ.

Je conseille l'étude du droit-canon aux laïques comme à mes confrères. Les laïques puiseront dans l'étude du droit-canon une grande science, science en partie nécessaire pour comprendre l'histoire, tant ecclésiastique que profane, qui assurément doit leur être obscure dans un grand nombre de passages. Ils admireront dans cette lecture la haute sagesse qui régit l'Eglise ; et ils seront très-édifiés en voyant avec quelle douceur, cette sage, bonne et prudente mère gouverne ses enfants, et aussi avec quelle force elle réprime l'injustice et les abus, dans ses membres même les plus élevés en dignité. Enfin, si les laïques qui liront le droit-canon ont un jour une charge ; s'ils commandent à une ville, à une province, ils apprendront à promulguer des lois, à conduire leurs subordonnés avec la douceur, la prudence et la force maternelle de l'Eglise.

Messieurs les Ecclésiastiques doivent en particulier, en refaisant leurs études, étudier le droit-canon et en faire une étude approfondie ; car on n'a guère le loisir d'étudier cette science, durant le temps que l'on passe au séminaire. Messieurs les Ecclésiastiques, dis-je, doivent lire avec soin Thomassin ; car ce que l'on apprend de cette science durant le grand séminaire se réduisant à presque rien et s'oubliant bientôt, quand ensuite on est nommé curé, curé-doyen, grand-vicaire, évêque, on ne peut administrer avec sagesse et justice une paroisse, un diocèse, tandis que l'on ignore les lois d'après lesquelles on doit gouverner.

Si le lecteur veut un jour faire une étude spéciale du droit-canon, voici les auteurs qu'il devra étudier et les conseils qu'il devra suivre. Je vais transcrire une lettre qui m'a été adressée il y a quelques années, par M. le docteur André, curé de Vaucluse à cette époque. Le savant canoniste, qui a tant à cœur de voir le clergé de France étudier le droit-canon, ne m'en voudra pas assurément d'avoir rendu sa lettre publique :

« Vaucluse, 3 novembre 1866.

» Monsieur et honorable Confrère,

. . . .
. . . .

» Voici donc le programme que je vous trace et que
» j'ai tracé à bien d'autres, pour arriver à être un savant
» canoniste. . . . .
» . . . . Voulez-vous être un vrai et solide cano-
» niste? avant toute chose, avant tout traité, tout
» commentaire, ayez les trois volumes in-folio du
» *Corpus juris canonici,* c'est-à-dire le *Décret* compilé
» par Gratien (1er vol.); puis les *Décrétales* compilées
» par Grégoire IX et déclarées authentiques, privilége
» que n'a pas le *Décret* (les *Décrétales* forment le 2e vol.);
» enfin, le 3e vol., composé du *Sexte* compilé par Bo-
» niface VIII; des *Clémentines,* par Clément V; des *Ex-*
» *travagantes,* de Jean XXII et autres papes. Vous vous
» mettrez à étudier à fond ces trois volumes, à en faire

» un compendium à votre usage, des analyses, etc.
» Quand vous serez arrivé au point de bien avoir dans
» votre tête les titres et la marche rationnelle du
» Droit, vous passerez au Concile de Trente, dit *Droit*
» *nouveau;* vous ferez le même travail; vous collation-
» nerez les décisions de Trente, avec tel titre des *Dé-*
» *crétales*, des *Appellationibus,* par exemple. A cela vous
» pourrez ajouter le *Bullaire* de Benoît XIX. Je vous
» promets des jouissances ineffables dans cette étude,
» qui ne peut être stérile que pour les petits esprits.
» Là, tout est exact, positif, comme les textes des
» lois.

» Quand vous sentirez que, par vos analyses, vos
» compendiums, vous êtes maître de votre *Corpus juris*
» *canonici* ancien et moderne, alors, mais non avant,
» vous passerez aux canonistes, aux commentateurs.
» Je mets au premier rang le plus savant de tous, notre
» immortel Thomassin, dans son admirable *Ancienne*
» *et nouvelle discipline de l'Église,* qui se publie chez
» Guérin, éditeur à Bar-le-Duc, ... et qui a été
» annoté par moi et conduit jusqu'à nos jours pour les
» changements survenus......... En lisant ce savant
» ouvrage, toutes vos réminiscences du *Corpus juris*
» trouveront leur appréciation et se renouvelleront
» dans votre mémoire.

» Après Thomassin, je vous recommande un grand
» canoniste français, Cabassut, *Theoria et praxis juris*
» *canonici;* puis vous verrez utilement les différents
» traités de Barbosa ou bien Reiffenstuel. Je vous re-
» commande beaucoup, pour les détails, Ferrari,
» *Prompta bibliotheca canonica,* etc., en 7 vol., édité

» par Migne. Devoti ne peut convenir qu'aux débu-
» tants, et il est trop superficiel. Ne touchez pas à Van-
» Espen, le janséniste, et à .... nos canonistes
» officiels ; ...... c'est très-pauvre de science.......
» Je n'en excepte que Strember, dans son traité *des*
» *Peines ecclésiastiques*, c'est savant et écrit dans le bon
» esprit.

» ....

» .... Trois ans de sérieuses études conformes au
» programme que je viens de vous tracer, vous met-
» tront à même de vous faire un nom comme cano-
» niste. »

Telle est la lettre que m'adressa M. le docteur André,
en 1866 ; je la livre à la publicité, parce que je suis
assuré qu'elle sera utile à un grand nombre de mes
confrères.

Quand vous aurez achevé la lecture de Thomassin,
annoté par le docteur André, vous lirez de ce dernier
auteur le livre important *Exposition de quelques principes fondamentaux de droit canonique, méconnus dans
l'Église de France.*

Qu'étudierez-vous après le droit-canon ? Vous étudierez la littérature. Vous lirez plusieurs fois le *Cours
de Littérature*, par un supérieur du Petit-Séminaire,
que l'on suit au Petit-Séminaire de Montpellier ; vous
l'analyserez et en graverez les définitions dans la mémoire. Ce cours de littérature très-succinct, sans développements inutiles, aux définitions concises, est excellent.

Vous prendrez le *Cours de Rhétorique*, après celui de

la littérature. Vous étudierez les règles de l'éloquence dans Grenade, je ne connais pas de meilleur auteur de rhétorique. Vous lirez Grenade une ou deux fois, si vous le voulez ; mais après l'avoir lu et relu, si vous devez parler en public, vous ne laisserez passer aucun jour, comme je l'ai déjà dit, sans lire une harangue de Démosthène.

Après les règles que l'on apprend dans les cours de littérature et de rhétorique dont je viens de parler, vous lirez le *Cours de Littérature* de Dassance, ensuite celui de La Harpe.

Le *Cours de Littérature* de Dassance est un recueil de discours, de dissertations des meilleurs critiques, sur les chefs-d'œuvre des langues. Le plus souvent, ces dissertations, ces discours ne laissent rien à désirer ; souvent, ils ne font connaître les ouvrages qu'imparfaitement ; quelquefois, les remarques qu'ils renferment sont fausses. Quand vous ne pourrez admettre les critiques que vous lirez dans le recueil de Dassance, réjouissez-vous : Philippe ne prend pas toutes les villes, ne soumet pas tous les royaumes, il vous laisse des conquêtes à faire. Vous referez vous-même les critiques qui vous paraîtront fausses, quand vous lirez les auteurs.

Le *Cours de littérature* de La Harpe, suivra celui de Dassance. Comme vous le verrez, La Harpe est un grand critique, et vous aurez de l'admiration pour lui ; mais il n'est pas toujours juste envers les écrivains, et quand il revient sur les appréciations dont on lui a montré la fausseté, comme pour Bourdaloue, et avoue qu'il n'avait pas bien étudié ce célèbre prédicateur quand il en a parlé, vous regretterez qu'il n'ait point apporté la préparation nécessaire pour ne point errer à propos surtout d'écrivains éminents.

Il y avait à Rome, au couvent de la Minerve, il y a quelques années, pour professeur de St Thomas, un célèbre dominicain espagnol. Il avait soixante ans à l'époque dont je parle ; il étudiait St Thomas depuis l'âge de vingt ans, et il l'enseignait depuis vingt-cinq ans. Il faisait son cours le matin de neuf à dix heures, mais le plus souvent il ne se rendait à la salle des conférences qu'à neuf et demie, quelquefois à dix heures moins un quart. Pourquoi cela? D'où venait-il? Il venait de la petite bibliothèque du couvent. Tous les jours, après avoir dit la sainte messe, à sept heures, il s'enfermait dans cette bibliothèque, et seul, dans le silence et la solitude, il préparait son cours ; il ne sortait de la bibliothèque que pour se rendre dans la salle où les élèves l'attendaient. Ce P. dominicain, qui étudiait St Thomas depuis quarante ans, l'enseignait depuis vingt-cinq, et qui ne laissait pas que de consacrer tous les jours deux heures ou deux heures et demie pour préparer son cours, était, faut-il le dire? l'idéal du professeur. Les princes et les évêques qui visitaient Rome ne manquaient pas d'aller l'entendre. Il n'était point accusé d'avoir émis des erreurs, et il n'était point obligé de se rétracter et d'avouer devant ses élèves qu'il n'avait étudié qu'imparfaitement les sujets qu'il avait traités.

Combien il serait à souhaiter que tous ceux qui enseignent ou écrivent eussent le zèle du P. Carbo !

Malgré ce que j'ai cru devoir dire de La Harpe, ne laissez pas que de lui accorder votre attention et votre respect ; ayez de la reconnaissance pour la science qu'il vous communiquera. Quand ses observations critiques ne vous paraîtront pas justes, je le répète, vous prendrez l'écrivain dont il parle, vous le lirez et vous le jugerez vous-même.

Je viens de dire que vous jugerez vous-même les écrivains dont les auteurs critiques ne vous donneront qu'une connaissance imparfaite ou dont vous aurez lieu de soupçonner la vérité et la justesse des appréciations; car, plus vous avancerez en âge, plus vos connaissances s'étendront, et plus votre timidité craintive diminuera; la beauté, l'éloquence des auteurs ne vous éblouira plus au point de vous empêcher de voir leurs défauts et leurs imperfections, vous deviendrez juge parmi les juges, juge des juges eux-mêmes.

En ne consacrant à l'étude du *Droit-Canon* de Thomassin, ensuite aux cours de Dassance et de La Harpe, qu'une heure par jour, comme ce dernier cours est très-étendu, et que souvent vous omettrez cette étude pour donner une heure de plus au sommeil afin de vous reposer, il faudra cinq ou six ans pour lire ces trois auteurs. Quand cette étude sera terminée, vous pourrez lire les orateurs de Cormenin; après cet auteur lisez une histoire des littératures anciennes et modernes, ou bien consacrez cette heure à lire les écrivains du jour qu'il vous sera nécessaire ou utile de connaître, et aussi pour avoir une idée vraie de votre siècle et de ses écrivains. Vous pourrez après cela ajouter encore cette heure au temps que vous consacrerez à la composition.

J'ai achevé l'emploi des douze heures d'étude, je voudrais en ajouter deux encore, mais peu d'hommes peuvent étudier quatorze heures par jour sans compromettre leur santé; or, une bonne santé est une condition nécessaire pour étudier : *mens sana in corpore sano.* Il est bien regrettable, la vie étant si courte, ce que nous devons apprendre et savoir si considérable, que nous ne puissions donner à l'étude que douze heures par jour, que nous soyons obligés de consacrer six ou sept heures au sommeil ; mais c'est là un obstacle contre lequel notre volonté lutterait en vain, contre lequel lutter serait succomber. Pour l'honneur de la science et des lettres, des hommes sont morts par suite de travaux intellectuels excessifs. On ne doit point sans doute imiter de pareils martyrs, mais ils n'en sont pas moins l'honneur de la science. Consolons-nous du peu de temps que nous donnons à l'étude, par notre zèle, notre ardeur, notre constance à étudier, à ne point laisser perdre une minute inutilement, et voyons de quelle manière nous règlerons l'emploi de nos douze heures d'étude.

Il est essentiel que vous fassiez un règlement, de manière à ce que vous sachiez ce que vous devez étudier aux divers moments de la journée. Sans règlement, quels fruits retireriez-vous d'études faites sans ordre ? le dégoût ne tarderait pas à s'emparer de vous, et bientôt vous abandonneriez vos livres et les laisseriez dans le plus grand oubli. Puis, les études divisées reposent l'attention : on ne peut étudier longtemps le même livre, à moins qu'on ne lise un roman : il faut donc un règlement.

Voici le règlement que je vous conseille de suivre, vous laissant à vous-même le soin d'en faire un autre, ou de le modifier suivant votre état, votre position, vos occupations ; le changeant même à chaque semaine si cela est nécessaire. Je dis à chaque semaine, car si vous avez dans le caractère un peu d'inconstance, vous pouvez vous prêter à ce défaut s'il engendre un dégoût insurmontable , mais vous ne devez modifier votre règlement que lorsque vous l'écrivez le dimanche en tête de la page du compte rendu de votre journée.

Vous vous lèverez à quatre heures ou à quatre heures moins quart, quand votre toilette devra être un peu plus longue et demandera demi-heure au lieu d'un quart d'heure.

A cinq heures moins quart, vous lirez l'Écriture sainte.

A six heures moins quart, vous ferez la préparation à la Sainte Messe, que vous direz à six heures.

De sept heures à neuf heures, vous étudierez le style pendant demi-heure ; ensuite vous composerez.

De neuf heures à midi , vous ferez l'étude principale.

Vous dînerez à midi. A deux heures , vous vous remettrez à l'étude ; vous lirez l'histoire en ce moment

A trois heures, vous étudierez les chefs-d'œuvre des langues.

A six heures , vous consacrerez demi-heure aux sciences naturelles, mathématiques ou physiques, et demi-heure à la géographie ou l'astronomie.

A sept heures vous lirez le droit-canon, ou le cours de littérature.

Vous souperez à huit heures ; ce repas , étant très-léger, prendra peu de temps ; il vous sera possible de causer un moment ou de faire une petite promenade , ensuite de réciter votre office , votre prière et de vous mettre au lit à neuf heures ou neuf heures et un quart.

Quand vous aurez l'avantage inestimable de ne reposer que cinq ou six heures, que vous vous éveillerez à deux ou trois heures, vous réciterez à votre réveil, et non la veille, Matines et Laudes ; ensuite vous lirez l'Écriture Sainte. Après cette lecture, vous dormirez un peu dans votre fauteuil si c'est nécessaire : c'est après ce court sommeil que vous achèverez votre toilette et ferez votre méditation : il serait bon d'entendre ou de dire la Messe après ce dernier exercice.

Comme il est important que pour la composition vous choisissiez le moment de la journée où vous serez le mieux disposé, je ne sais si vous ne devrez pas changer l'heure que j'ai indiquée. Le mieux serait, comme je l'ai dit, que vous composiez le matin, après avoir entendu ou avoir dit la Messe et après avoir pris une goutte de café. Le moment que vous aurez choisi sera pour vous le plus favorable de la journée, si vous avez le soin de ne point le changer : l'habitude le rendra tel.

Je ne dirai pas que le règlement que je viens d'écrire a été fait après de nombreuses expériences et après beaucoup de réflexions. Comme on l'a vu, les études qui demandent une grande application ont été mises le matin ; après le repas du milieu du jour, j'ai placé l'histoire, qui demande peu de réflexion, qu'on peut lire sans que l'estomac soit troublé dans son travail digestif. La lecture des chefs-d'œuvre vient ensuite, alors que la digestion s'achève. Le droit-canon ou la littérature, demandant peu d'efforts à l'intelligence, ajoute peu à la fatigue de la journée.

Les études qui réclament une grande force d'attention, la composition, St Thomas, ses commentateurs, devaient trouver place le matin, alors que l'esprit s'est reposé durant le sommeil des travaux de la veille.

J'ai cru devoir retarder le repas du soir jusqu'à huit heures, pour plusieurs raisons. D'abord parce que la digestion chez l'homme d'étude se faisant très-lentement par suite du peu de mouvement qu'il fait, il est important qu'il mette un long intervalle entre les deux repas. Ensuite, je l'ai déjà noté, quand après la digestion l'estomac reste inactif durant quelques moments, il se porte mieux et remplit ses fonctions avec plus de facilité. Enfin, et c'est ici la principale raison, c'est que l'on ne peut étudier immédiatement après le repas. Si vous soupiez à six ou sept heures, vous seriez obligé de prendre une heure ou demi-heure de récréation ; en soupant à huit heures, vous vous promenez ensuite pendant cinq ou dix minutes dans votre salon à manger ou dans votre jardin, vous faites vos prières, vous vous couchez à neuf heures et vous perdez moins de temps.

Au lieu d'étudier la géographie à six heures, on peut consacrer toute cette heure aux sciences et étudier la géographie durant dix minntes ou un quart d'heure après le repas du soir, sur des cartes qui orneront votre salle à manger.

Je n'ai omis aucune science ; car dans les sciences naturelles j'ai compris l'archéologie, le blason, la numismatique. Qu'on ne me blâme pas de les avoir embrassées toutes. Celui qui a pour mission d'instruire les autres ne doit rien ignorer. Je ne demande pas que l'on soit parfaitement instruit dans toutes les branches de la science, ce serait demander une chose impossible : notre vie est trop courte, nous avançons trop lentement dans l'acquisition de la science ; mais un écrivain doit connaître toutes les sciences de manière à pouvoir en parler, et acquérir d'elles une connaissance approfondie, si la défense de la vérité l'exige. D'ailleurs, en consacrant à l'étude douze heures par jour durant vingt, trente, quarante ans, que de connaissances étendues ne peut-on pas acquérir dans toutes les sciences !

C'est ici la fin de ce chapitre le plus important de cet ouvrage : plaise à Dieu que la lecture en soit utile à ceux qui, en sortant du collége ou du séminaire, prennent la résolution de consacrer toute leur vie à l'étude !

CHAPITRE III

DE LA MANIÈRE D'ÉTUDIER

Quand vous aurez résolu de vous adonner à l'étude, que vous vous serez tracé un règlement, et que, ayant pris vos livres, vous les aurez ouverts, de quelle manière, ô mon lecteur, devez-vous étudier ?

Ayant beaucoup de choses à apprendre, voulant acquérir la science dans un bref délai, vous serez porté à lire très-vite ; devez-vous étudier avec une ardeur emportée ? Non. Comment retiendrez-vous ce que vous lisez, ou du moins, comment ce que vous étudierez se gravera-t-il dans votre mémoire, deviendra-t-il votre science, et en quelque sorte la substance de votre esprit, si vous lisez très-vite ? L'enfant qui glane dans un champ ne court pas, il ne marche point vite, il va lentement, regarde avec soin devant lui, à ses pieds, ensuite à droite, puis à gauche. Il faut faire de même en étudiant, il faut lire lentement.

Mais votre attention doit-elle être rivée à votre livre, de manière à ce que vos yeux lancent continuellement sur les pages comme des rayons ardents? Vous ne pourriez étudier longtemps avec ce degré d'attention. Il faut que votre attention soit soutenue et non rivée, excepté quand l'admiration ravit votre âme, que votre cœur bat avec force, et que, entraîné par ce que vous lisez, vous n'êtes plus le maître de vous-même. Ces moments où votre âme est saisie doivent être courts; vous devez vous étudier à être le maître de vous-même dans l'enthousiasme même, et aussi dans le transport et l'inspiration, quand vous composerez. Donc, votre attention devra être en général soutenue, sans contention; vous la laisserez reposer à la fin d'un alinéa, d'un chapitre, après une idée qui vous aura frappé.

Si, quand vous vous sentez fatigué, une mouche vole sur votre table; si de votre fenêtre vous voyez passer les gens dans la rue, ou au loin sur la route; s'il pleut avec abondance, arrachez les yeux de dessus votre livre; regardez cette mouche qui vole, ou les gens qui passent sur la route, ou la pluie qui tombe, ou bien la cime d'un arbre que le vent fait balancer. Rien ne repose l'esprit comme ces sortes de distractions; elles donnent à l'attention et à l'intelligence de la force et de la vigueur, alors même qu'elles ne durent qu'un court instant.

Quel moyen emploierez-vous pour rendre votre attention soutenue et facile, afin d'étudier avec fruit? En parlant de la volonté, j'ai dit que, pour rendre votre volonté forte et constante, vous deviez, le soir, avant de laisser le sommeil s'emparer de vous, répéter cette parole :« Je veux en finir avec ma paresse, ma faiblesse et mon inconstance, » et j'ai ajouté que vous obtiendriez bientôt ce résultat ; il vous faudra aussi employer ce moyen pour acquérir une attention soutenue et facile ; pour cela vous direz, le soir, avant de vous endormir : « Demain, je veux que mon attention soit plus soutenue qu'aujourd'hui. » Quand vous serez complétement le maître de votre attention, vous direz, le soir : « Désormais je veux que mon attention soit facile, aisée, de manière à ce que, sans me fatiguer par une forte contention d'esprit, je saisisse tout ce que je lirai. » Quand vous aurez obtenu ce nouveau résultat, vous direz encore le soir, avant de fermer vos paupières : « Merci, ô mon Dieu; mon attention est soutenue et facile; merci! je désire maintenant que mon esprit fasse attention à toute chose, à l'orthographe, à la ponctuation, aux règles de la syntaxe, à la propriété des termes, à la correction, à la coupe de la phrase, à l'élégance, à l'harmonie, sinon dans toutes mes études, du moins quand je lirai un auteur pour le style, quand j'étudierai les chefs-d'œuvre, l'histoire. » Dieu et le sommeil vous accorderont les conditions qui précèdent, pour tirer de vos études des fruits abondants.

Après avoir acquis une attention forte et facile, vous demanderez encore à Dieu et au sommeil que votre intelligence retienne tout ce qui pourra vous servir dans vos compositions, non qu'elle mette chaque idée à sa place, comme un négociant place ses lettres de commerce dans un casier ; mais qu'elle ne fasse qu'un seul tout de ce que vous lirez, qu'elle en nourrisse chaque jour votre esprit ; en sorte que, de même que les aliments que vous prenez pour nourrir votre corps deviennent votre chair et votre sang, de même ce que

vous lirez devienne votre science et l'augmente toujours davantage.

Mais ne ferez-vous que lire les auteurs ? ne prendrez-
vous pas des notes ? Si, vous prendrez des notes, qui
devront être très-courtes ; vous noterez les endroits les
plus remarquables, et dont la citation ou le développement devra vous fournir des arguments pressants
pour établir la vérité ou repousser l'erreur.

Le moyen que je vais vous indiquer pour retirer de
vos études de grands fruits, a une importance encore
plus grande que celui qui précède. Jusqu'à ce que
vous vous sentiez capable d'écrire pour le public,
traitez tous les jours ou souvent, dans vos compositions, ce qui vous aura frappé la veille dans vos lectures. Vous pouvez supposer que vous écrivez à un
ami ; vous pourriez même entretenir une correspondance avec quelqu'un de votre âge, à qui vous écririez
tous les jours, lui envoyant vos lettres une ou deux
fois par semaine, comme papiers d'affaires ; parlant
dans votre correspondance de vos études, des choses
que vous avez lues et que vous voulez retenir.

Ou bien, vous pourriez supposer dans vos compositions que vous occupez une chaire et que vous rendez
compte à vos élèves de tel auteur, de tel livre, de tel
chapitre. Vous comprenez toute l'importance de ce
moyen. Car, en faisant ainsi, vous gravez pour longtemps, sinon pour toujours, dans votre esprit, ce qui
dans vos lectures fait impression sur vous. Vous appre-
nez à écrire, à écrire non des mots, mais des idées ; et
quelles idées ? des idées puisées dans Bossuet, dans
S⁺ Thomas, dans S⁺ Augustin. Vous en ferez l'expérience ; il ne vous faudra pas dix ans pour que, par

cette méthode, vous deveniez un savant et un grand écrivain. Oui, les résultats de ce travail sont immenses. Et, devant écrire chaque jour pour former votre style, pourquoi ne parleriez-vous pas dans vos compositions de ce que vous venez de lire, de ce que vous avez noté?

Un autre moyen pour profiter de vos lectures, c'est de supposer que vous composez vous-même ce que vous lisez, que vous parlez en public, que vous professez ; ou bien, si vous lisez un sermon, que vous annoncez dans une chaire la parole de Dieu, devant un auditoire qui vous écoute avec attention et piété. Quand, dans vos lectures, l'émotion fait battre votre cœur, élevez la voix, faites des gestes, laissez même le livre, livrez-vous à l'inspiration, dites à haute voix ce qu'elle vous fournit.

Je viens de vous conseiller de dire à haute voix ce que l'inspiration vous suggèrera au milieu de vos lectures ; cela me donne occasion de me demander si vous devez, quand vous étudiez, lire des yeux seulement ou à haute voix. Vous étudierez à haute voix, afin de lire plus lentement et de mieux graver dans votre esprit ce que vous étudiez. St Augustin, parlant dans ses *Confessions* de St Ambroise, dit qu'il étudiait sans parler à cause de la faiblesse de son larynx ; d'où il faut conclure qu'autrefois on étudiait à haute voix. Vous suivrez cette méthode, ne lisant des yeux que lorsque la fatigue ne vous permettra pas absolument de le faire à haute voix.

On comprend qu'on lise et que l'on étudie des yeux seulement, dans une salle d'étude de cinquante ou cent élèves, dont les uns étudient, les autres méditent, ceux-ci calculent, ceux-là se livrent à l'inspiration et composent ; cet inconvénient n'existe pas pour un seul homme enfermé dans son cabinet d'étude. On dit que les Chinois étudient à haute voix, ils ne sont donc pas ridicules en tout ?

Ceux qui donnent des méthodes pour étudier et s'instruire, indiquent un moyen dont je dois parler, les répertoires. Devez-vous avoir et faire un répertoire, c'est-à-dire un grand cahier in-folio, ayant au haut des pages le nom de différents sujets théologiques, philosophiques, historiques, scientifiques, littéraires, sur lesquelles on écrit les passages des auteurs qu'on lit et dont on peut avoir besoin plus tard ?

Je suis un peu embarrassé pour répondre. On imprime tant de répertoires ; on les conseille avec tant de zèle, qu'il me répugne de vous dire de ne point en avoir ; mais Balmès, dans son *Art d'arriver au vrai,* ne conseillant pas, d'une manière indirecte, d'en faire, appuyé sur l'autorité de ce philosophe, je vous engage à n'en point en user.

Voici les raisons pour lesquelles vous ne devez point faire de répertoire. Il faut du temps pour transcrire les passages des auteurs ; or, comme vous étudierez douze heures par jour, vous aurez certainement plusieurs passages à transcrire, ce qui vous prendra demi-heure, peut-être une heure. Me direz-vous que vous pourriez indiquer seulement ce que vous voulez pouvoir trouver facilement un jour, avec la page, le volume, et le nom de l'auteur ? il vous faudra du temps quand même, demi-heure ou vingt minutes au moins, vous devez prendre ce temps sur votre sommeil, alors qu'il vous sera tout nécessaire, parce qu'il est déjà bien court. D'un autre côté, vous ne pouvez prendre note des passages durant la journée, en étudiant : il vous faudrait suspendre vos études.

Comme dit Balmès, ce que vous lisez se grave dans votre esprit. Plus vous étudiez et plus votre mémoire s'étend, plus vous prenez des choses des idées générales, qui vous font retenir les idées particulières qu'elles renferment ; pourquoi donc perdre un temps long et précieux, à couvrir de notes un grand répertoire ? Enfin, en étudiant, les idées d'un auteur deviennent vos idées, sa science votre science : c'est là ce qui importe.

Mais vous voulez citer plus tard des autorités dans vos écrits, vous voulez donc remonter au siècle qui précéda celui de Fénélon et en prendre les défauts. Vous voulez étaler une érudition fastueuse, alors qu'elle ne doit se montrer que pour le besoin, comme l'observe le Cygne de Cambrai, dans son discours de réception à l'Académie. Quand après dix ou douze ans d'étude, de douze heures par jour, vous voudrez ajouter aux raisons que vous aurez trouvées dans la méditation du sujet, l'autorité des grands écrivains, les passages des auteurs que vous voudrez citer viendront d'eux-mêmes à votre esprit, avec le chapitre, la page, souvent même la ligne.

Si vous le voulez, ayez toujours, en étudiant, un crayon à la main, pour marquer à la marge les passages qui vous frapperont : faites un trait et ayez soin de lire deux fois le passage que vous notez. Au commencement, après quelques années d'étude, quand on médite ou que l'on écrit, on se rappelle avoir vu telle idée dans tel auteur, mais on ne sait dans quel endroit du livre : la marque au crayon vous fera trouver au bout de peu d'instants ce que vous cherchez.

Vous pouvez mettre tel signe ou écrire telle lettre pour indiquer que le passage noté se rapporte à la théologie, à la philosophie, à l'histoire , à la littérature, etc.

Quand vous rencontrerez une pensée profonde, dont vous espérez tirer un jour le plus grand parti , faites deux traits au lieu d'un. Je vous engage beaucoup à noter les pensées profondes, car de la sorte vous pourrez repasser dans peu de jours S' Thomas, S' Augustin, Bossuet, etc., dans ce qu'ils ont de plus savant. Il serait bon alors de consacrer la moitié du mois de décembre, ou la dernière semaine de ce mois, à relire dans les auteurs que vous aurez étudiés pendant l'année, les passages que vous aurez notés.

Le moyen de noter les passages est préférable au répertoire. Un coup de crayon est bientôt tiré, une lettre est bientôt faite, et votre étude, l'ardeur, l'inspiration qu'elle fait naître en vous ne sont point interrompues. Cette méthode développe en outre la mémoire, qui devient paresseuse quand elle sait qu'il existe un répertoire.

J'ai vu beaucoup de jeunes gens entreprendre un répertoire ; j'en ai vu très-peu le continuer durant plusieurs années ; je n'en ai vu aucun y avoir recours avant de composer, alors que le moment de s'en servir était arrivé. Et la raison ? C'est qu'il en coûte de lire une ou plusieurs pages, le plus souvent écrites de la manière la plus illisible.

Voilà la première partie de la seconde terminée, je passe à la seconde partie qui traite du style.

9

IIe PARTIE

DE LA SECONDE PARTIE

DU STYLE

—

CHAPITRE PREMIER

DU TEMPS A CONSACRER AU STYLE

De quoi servirait-il d'avoir une grande science, si l'on ne savait pas écrire ? si l'on ne savait pas exprimer ses pensées avec simplicité, naturel, force et agrément ? Un savant, l'homme le plus savant du monde, qui ne saurait pas écrire, dont le style serait incorrect, dur, désagréable, pourrait donner des conseils dans un cabinet d'étude ; mais il ne pourrait composer des ouvrages ou parler en public, ou bien ses ouvrages ne seraient pas lus, ses discours ne seraient pas écoutés.

Le style est pour la pensée ce qu'est le coloris pour la peinture, la chair et la peau pour le squelette de l'homme. Qu'est-ce que le dessin sans le coloris ? et le squelette humain sans la chair qui couvre les os, et la peau qui recouvre la chair ? Quelque grand et imposant que soit un palais, sans le mortier qui en couvre les pierres, et le ciment ou la peinture qui s'étend sur le mortier, combien serait-il désagréable à voir ! Il en est ainsi de l'idée. C'est le cœur qui rend l'homme éloquent : *pectus est quod facit disertos ;* de même c'est le style qui fait l'écrivain, qui rend un livre intéressant, le fait lire avec attention, avec fièvre, avec passion.

Le style est donc essentiel à l'écrivain. J'ai connu des hommes illustres par leur science, qui, n'ayant jamais consacré du temps au style, ont passé leur vie ne pouvant faire fructifier pour les autres les grands talents qu'ils avaient reçus de Dieu, et les connaissances étendues qu'ils avaient puisées dans l'étude.

Oui, le style est essentiel à l'homme destiné à instruire les autres. Il vaudrait mieux avoir moins de science et savoir écrire, que de posséder une science vaste et profonde sans style. Plus on sait écrire avec force et agrément, plus on est utile aux autres par ses ouvrages ou par ses discours.

Buffon, dans son *Discours sur le Style*, lu le jour de sa réception à l'Académie française, dit qu'un auteur ne passe à la postérité que par le style. Cela est vrai : le style est comme l'ange qui ouvre à un auteur les portes de l'immortalité. Et si les œuvres de Fénelon, de Massillon, de Racine, de Corneille et de Boileau sont lues avec plus d'avidité que celles de Buffon, c'est parce que les ouvrages des auteurs du XVIIme siècle sont supérieurs par le style à ceux du célèbre naturaliste. Les écrivains se placent d'eux-mêmes sur l'échelle de la littérature par leur style autant que par leur génie.

J'ai dit que vous deviez consacrer au style demi-heure par jour ; demi-heure par jour, pendant dix ans, suffira assurément. Car si durant cette demi-heure et pendant dix ans vous étudiez la forme de la phrase, la propriété des termes, la correction des expressions, la liaison des idées, les transitions et les autres qualités du style; si durant cette demi-heure vous lisez dix, vingt fois une phrase, un alinéa, un chapitre, pour prendre à un auteur son style que vous ne vous lassez d'admirer; de plus, quand vous lirez Bossuet, Fénelon, Racine, Boileau et les autres auteurs du grand siècle de Louis XIV, en suivant les idées, si vous prêtez un peu d'attention à l'expression, vous apprendrez à écrire, que vous le vouliez ou que vous ne le vouliez pas.

Pendant combien d'années devrez-vous étudier pour apprendre à écrire? Vous étudierez le style pendant dix ans, depuis vingt-cinq jusqu'à trente-cinq ans, et si, arrivé à cet âge, vous composez des ouvrages qu'on lise avec intérêt et plaisir, vous ne laisserez pas d'étudier encore le style pendant cinq ans; en sorte que vous l'étudierez pendant quinze ans. Et la raison? C'est parce que dans ce siècle malheureux où nous vivons, ce ne sont pas seulement les hommes et les peuples qui sont dans la confusion, les langues et les lettres y sont aussi; en sorte que, malgré qu'on en ait, quoiqu'on ne lise, en fait d'écrits de ce siècle, que les dépêches des journaux, on parle incorrectement, on écrit d'une manière encore plus incorrecte, ou du moins on ne sait pas exprimer ses idées avec concision, nombre, élégance et harmonie.

Ainsi, alors même que vous composerez des ouvrages dont on vantera la manière avec laquelle ils sont écrits, vous ne laisserez pas que d'étudier le style jusqu'à quarante ans. Mais c'est à trente-cinq ans surtout, alors que vous composerez et que vous publierez des ouvrages, que vous devrez étudier le style avec un soin tout particulier ; car c'est alors que vous ferez de rapides progrès, comparant vos tournures, vos périodes, vos transitions, la vérité, la simplicité, la force, la vivacité de vos expressions avec celles des grands écrivains du XVIIme siècle. Les défauts de votre style vous apparaîtront davantage, tandis que vous le comparerez à celui de l'auteur que vous étudierez. Les qualités de cet auteur se montreront à vous plus sensibles, et vous vous efforcerez de vous les approprier. Quelque habile que soit l'élève qui n'a reçu de la peinture qu'il veut apprendre que les premières notions, il ne se rend pas compte de tout l'art et de tout le génie qui se trouvent dans les toiles de Raphaël. Mais quand cet élève a commencé à peindre, que ses ouvrages ont figuré au Salon, qu'il reçoit l'approbation des hommes de goût, alors Raphaël se montre à lui plus grand et plus sublime ; il s'échappe de ses toiles immortelles, qu'il analyse dans tous leurs détails, mille rayons qui ne parvenaient pas auparavant jusqu'à lui, et qui maintenant le frappent, lui révèlent ses propres défauts, les qualités qu'il n'a pas, lui indiquent enfin ce qu'il doit faire pour s'élever sur l'échelle au haut de laquelle il voit briller ce grand maître.

Ainsi demi-heure par jour suffira pour apprendre à écrire, mais cette étude devra être faite avec une constance sévère pendant dix ans, et à trente-cinq ans être continuée avec plus d'ardeur encore jusqu'à quarante ans. Je passe au chapitre second.

CHAPITRE II

DES AUTEURS A LIRE ET A COPIER POUR APPRENDRE A ÉCRIRE

Que faut-il faire pour apprendre à écrire ? Il faut lire des livres bien écrits. Il en est du style comme de la langue : l'enfant apprend la langue qu'il entend parler, de même on apprend à écrire comme les écrivains dont on lit les ouvrages.

Buffon a dit : *Le style c'est l'homme.* Cela est vrai en partie : pour la vivacité, la force, la concision, l'ampleur ou la magnificence ; mais pour les autres qualités : la propriété des termes, l'élégance, l'harmonie, le mouvement, les transitions, ce qui est le style proprement dit, la lecture des auteurs seule nous le fait acquérir. La fonte, en conservant sa nature, selon la matière avec laquelle elle est faite, prend la forme du moule dans lequel on la coule ; de même le style, en portant l'empreinte du génie de l'écrivain, devient clair, naturel, agréable, périodique comme celui des auteurs célèbres dont on étudie les chefs-d'œuvre.

La vérité de cet axiome : *pour bien écrire il faut lire les livres bien écrits,* est évidente. Lisez, en effet, pendant deux heures seulement, Bossuet, Fénelon, ou Racine ; écrivez ensuite : votre style portera la marque, aura l'ampleur, l'élégance, le mouvement de celui de ces auteurs. La raison ? je l'ai dite au commencement : un enfant parle français, italien, espagnol, selon qu'il entend parler l'une ou l'autre de ces langues; de même on écrit comme les écrivains dont on lit les ouvrages.

Sans doute, il ne suffit point de lire un bon écrivain pendant deux heures pour écrire comme lui; mais on acquiert les qualités du style à mesure qu'on lit un auteur qui écrit bien.

C'est ici le lieu de parler du style périodique, que beaucoup dédaignent et méprisent pour exalter le style de ce siècle que je ne qualifierai pas, car enfin j'écris pour mon siècle; et si celui qui lit ces lignes ne voit rien de beau que le siècle dans lequel il est né, et ses faits, et ses hommes, et son style, je ne dois pas censurer ce qu'il estime, avant surtout d'avoir prouvé ce que j'avance.

Je connais beaucoup d'hommes qui ont condamné depuis longtemps le style périodique, et qui donnent pour raison de cette condamnation, que les esprits de nos jours ne sont pas faits pour ce style long et traînant; qu'il leur faut le style coupé, court, vif de la plupart des écrivains contemporains. Ils ajoutent que si l'on prêchait aujourd'hui les sermons de Massillon, de Bourdaloue, quelque naturel et agréable que fût le débit, on ne serait point écouté.

Je dirai, avant de répondre directement à cette objection, que je connais un prêtre qui, un jour, alors qu'il était encore jeune et n'avait pas eu le temps de composer le sermon qu'il devait prêcher, en prêcha un de Massillon. Non-seulement ce sermon de Massillon, dans la moitié du XIXᵉ siècle, fut écouté, mais les fidèles, en sortant de l'église, ne pouvaient revenir de leur étonnement; ils s'écriaient en retournant chez eux : « Oh ! le beau sermon ! » Ainsi le style périodique plaît aujourd'hui comme il plaisait au dernier siècle et au siècle de Louis XIV; comme il plaisait à Rome, quand Cicéron et les autres orateurs romains occupaient la tribune aux harangues; comme il plaisait à Athènes, du temps de Démosthène.

Mais dites-moi, ô vous qui avez condamné le style périodique, et proclamez que l'on ne doit plus s'en servir, qui avancez que ce serait ennuyer son auditoire que de l'employer; Berryer, le grand Berryer était-il écouté quand il parlait à la Chambre, quand il prononçait, sous le règne de Louis-Philippe, ses remarquables discours, qui avaient tant de retentissement en France et en Europe? Eh bien! prenez Berryer, lisez-le, dès la première phrase vous verrez qu'il parlait comme les écrivains et les orateurs du siècle de Louis XIV et que son style était périodique.

Voulez-vous en juger? Je vais citer un passage d'un discours de Berryer. En ouvrant un livre qui est sur ma table et qui contient plusieurs discours de cet illustre orateur, mes yeux tombent sur cette phrase périodique que je vais transcrire; je transcrirai ensuite le passage que je veux vous faire lire. « Messieurs, ce » sont de bien tristes pages de nos annales que celles » qui ont été déroulées devant vous, ce sont de bien » déplorables monuments de législation que ceux qu'on » vous a présentés; mais je l'avoue, en les contem- » plant lorsqu'ils sont ainsi apparus devant vous, sous » la parole des orateurs qui m'ont précédé à cette tri- » bune, j'ai éprouvé un autre sentiment, et je me suis » vu dominé par d'autres pensées que celles du minis- » tère. »

Voilà une période avec des incises; qui osera dire

que cette phrase n'était pas de nature à captiver l'attention des députés, devant qui elle était prononcée ?

Je cite maintenant le passage ; je le prends dans le même discours.

« Ne l'oublions donc pas, et que tout le monde le
» comprenne, le passé nous l'enseigne assez haut, ce
» n'est pas dans ces combinaisons habiles, formées
» par quelques esprits praticiens que les gouvernements
» trouvent leur force. La force des gouvernements,
» c'est d'être appuyés sur un bon principe, et surtout
» d'être fidèles au principe qui les a constitués. Mais
» quand le principe des gouvernements est mauvais,
» quand le gouvernement est infidèle au principe au-
» quel il doit son existence, alors toutes ces imagina-
» tions de l'esprit de pratique, toutes ces ténébreuses
» inventions d'une législation inutile sont de vaines
» ressources pour le pouvoir, ébranlé dans son essence
» et dans son origine.

» Le passé nous le dit assez : tous les gouvernements
» se sont suicidés, ou parce que leur principe était
» mauvais, ou parce qu'ils se sont détournés, écartés,
» éloignés de leur principe. La Convention s'est sui-
» cidée elle-même, et par l'horreur du principe de
» terreur dont elle a voulu s'armer, et par les crimes
» sans nombre dont elle a couvert la face du pays. Le
» Directoire..... Mais est-ce que le Directoire n'avait
» pas lui-même anéanti les conseils, qui étaient alors
» la base du gouvernement ? est-ce qu'il ne les avait
» pas anéantis en déportant les meilleurs, les plus
» honnêtes citoyens et les plus éclairés du pays, avant
» qu'un soldat dédaigneux repoussât du pied en une

» heure et dispersât les restes honteux de ces assem-
» blées déjà détruites ?

» L'Empire a eu un mauvais principe de gouverne-
» ment. Il est né dans ce même jour, dans ce jour de
» violence ; il a voulu tout devoir à la force, il vivait
» sur la parole de la victoire, et quand la victoire lui
» a été infidèle, l'Empire n'était plus. »

Voix au centre : Et après l'Empire ? vous vous arrêtez ?

M. BERRYER, *avec une extrême vivacité :* « Non, je ne
» m'arrêterai pas ! et pourquoi ne dirais-je pas tout ?
» La question est assez haute ; elle domine assez les
» intérêts permanents et éternels de mon pays, pour
» que je dise tout à l'égard de tous.

» Pourquoi la Restauration est-elle tombée ? Parce
» qu'elle a été infidèle à son principe, je n'hésite pas
» à le dire. Oui, elle a mal compris les rapports inti-
» mes qui unissaient le principe politique, sur lequel
» elle reposait, avec tous les droits de famille, avec tous
» les droits de communauté, avec tous les liens de pro-
» priété sur le territoire ; elle s'est laissé entraîner à
» l'habileté et aux conseils des théoriciens pratiques, et
» elle est tombée du jour où, après avoir secoué ses
» liens, elle a voulu entrer encore dans les moyens
» exceptionnels. La tempête s'est alors élevée, et le
» trône a disparu.

» C'est à cela, Messieurs, qu'il faut penser ; ce sont
» ces grandes idées, c'est ce grand jugement porté sur
» les cinquante années de révolution que nous avons
» traversées, c'est là ce qu'il faut avoir présent à l'es-
» prit. Et il ne faut pas se fatiguer de misérables chi-
» canes sur tels ou tels détails de loi, sur telle ou telle

» controverse de procédure, à l'aide de laquelle on
» pourra tourner ou violer un principe fondamental sur
» lequel est assise la bonne justice, la justice ferme
» et certaine du pays. »

Voilà comme parlait Berryer à la tribune. Après avoir lu le passage que je viens de transcrire, qu'on dirait avoir été écrit au temps où vivaient Bossuet, Fénelon, Bourdaloue, Massillon, qui doutera que le grand orateur de notre siècle ne fût écouté avec une attention avide quand il parlait devant les représentants de la nation ?

L'illustre Donoso Cortés n'avait-il pas un style périodique ? Il était écouté par ceux à qui il adressait la parole, et il était lu par toute l'Europe ; car ses discours, que reproduisaient tous les journaux, étaient traduits en toutes les langues.

Le fait suivant va vous frapper, vous qui ne voulez pas qu'on emploie dans ce siècle le style dont je parle. Je causais un jour avec un capitaine de mer, âgé, très-peu instruit ; il savait à peine lire et écrire, mais il était intelligent et d'un caractère énergique. Eh bien ! il parlait avec un style périodique. Dans l'espace d'une demi-heure que dura notre conversation, il fit, sans s'en douter nullement, il ne savait même pas ce que c'était que le style, quatre périodes carrées, que j'écrivis quand il fut sorti. Pourquoi ce petit capitaine de cabotage, n'ayant pas fait ses études, parlait-il avec ce style ? On peut ne donner de cela que cette raison : c'est parce qu'il était intelligent et avait une volonté forte, et que le style périodique est le style de l'homme doué de talent et d'énergie, qu'il ait étudié ou non.

Mais, dites-moi, si le style de ce siècle est si beau, si on doit l'employer de préférence au style périodique, pourquoi les orateurs qui s'en servent à la Chambre sont-ils si peu écoutés ? Pourquoi, des ouvrages que l'on a composés dans tous les siècles, ceux qui sont écrits avec le style périodique sont-ils seuls parvenus jusqu'à nous ? Pourquoi l'on n'a point d'admiration, on écoute avec si peu d'attention un discours écrit avec le style de ce siècle, tandis que l'on est enthousiasmé par un discours pris à Massillon ou à Bourdaloue ?

Vous-même, quand vous lisez un auteur de ce siècle qui a mis dans son livre des passages d'un écrivain du XVIIe siècle, où du siècle d'Auguste, ou de celui de Périclès, dites-moi pourquoi ces extraits vous causent-ils tant de plaisir ?

Si vous avez du dégoût pour le style périodique ; si vous ne pouvez lire Bossuet, Massillon, Bourdaloue, je ne sais ce que je dois penser de vous. Mais sachez-le, quand Dieu vous jugera, vous dira : *Redde rationem villicationis tuæ ?* Où est le bien que tu as fait ? as-tu fait fructifier le talent que je t'avais donné ? Répondrez-vous que vos œuvres sont pleines, si vous n'avez pas pris tous les moyens qui étaient en votre pouvoir ; si vous n'avez pas étudié le style périodique pour plaire à ceux que vous deviez instruire, pour les attirer à vous, les convaincre et les persuader ?

Vous avez du dégoût pour le style périodique ; vous ne pouvez lire une page de Bourdaloue, de Massillon, afin d'apprendre ce style : vous n'avez point reçu de Dieu le talent de persuader, et vous n'êtes pas fait pour porter la parole à vos semblables.

Voilà ce que j'avais à dire touchant le style périodique.

J'ai annoncé au commencement de ce chapitre qu'il fallait lire, pour apprendre à écrire, les livres bien écrits. Quels auteurs devrez-vous donc lire, écrire, apprendre de mémoire, avoir sous le chevet de votre lit, pour les étudier, le soir avant de vous endormir, le matin en vous éveillant, la nuit quand le sommeil infidèle abandonne vos paupières ?

Je crois devoir mettre ici le récit de ce que j'ai jugé à propos de faire pour apprendre à écrire. Ce récit persuadera davantage, je l'espère, ceux qui me feront l'honneur de lire ce livre, que les raisons que j'aurais pu donner sur cette matière.

Tandis que je faisais mon éducation, j'ai entendu un jour un de mes professeurs, que j'estime et que j'aime, recommander à ceux qui étions ses élèves de lire le *Télémaque* de Fénelon, si nous voulions apprendre à écrire. Nous lui dîmes : Et après le *Télémaque*, que lirons-nous ? — « Après *Télémaque*, lisez encore *Télémaque*. » — Mais quand nous aurons lu *Télémaque* deux, trois fois, quel auteur devrons-nous lire encore pour apprendre à écrire ? — Et notre professeur nous répondit : « Lisez encore *Télémaque*. » — Nous reprîmes : En sorte que, quand nous aurons lu cent fois *Télémaque*, nous devrons lire de nouveau ? — « *Télémaque*. »

J'ai entendu un autre professeur nous dire : « Si vous voulez apprendre à écrire, lisez Racine. » Il avait raison ; car Racine et Boileau, comme le dit tout auteur qui parle du style, sont les deux poëtes qui écrivent le mieux.

Un autre professeur nous recommandait un jour,

pour apprendre à écrire, de lire Cicéron. Ce professeur avait aussi raison, car quel style que celui de Cicéron ! Vous avez lu les descriptions de la cour de Louis XIV, de cette cour si grande, si majestueuse, si magnifique? Or, le plus bel ornement de la cour de Versailles, au XVII° siècle, c'était Louis XIV, le Grand Roi. Eh bien ! Cicéron, par son style, est pour la littérature latine ce qu'était Louis XIV pour la brillante cour de Versailles.

Un professeur de rhétorique de mon temps conseillait, pour apprendre à écrire, de lire les oraisons funèbres de Bossuet. Tous ces professeurs imitaient Horace, qui recommandait aux jeunes écrivains de son temps de lire et de relire les chefs-d'œuvre grecs :

Vos exemplaria græca
Nocturna versate manu, versate diurna.

Lisez les chefs-d'œuvre grecs, et ne cessez pas de les lire : lisez-les le jour, lisez-les la nuit.

De tous ces conseils que je viens de rapporter, quel est celui que j'ai adopté et que j'ai suivi? N'ai-je lu qu'un auteur? en ai-je lu plusieurs? Me suis-je borné aux écrivains français du grand Siècle? N'ai-je pas étudié aussi le style dans les chefs-d'œuvre grecs et latins?

Mettant d'abord en pratique le conseil de mon professeur de cinquième, j'ai commencé par lire *Télémaque;* je l'ai lu et je l'ai relu, et puis je l'ai lu de nouveau une troisième fois. J'ai fait plus encore : j'ai lu ensuite chaque phrase d'un alinéa cinq fois, et chaque alinéa, quand j'en ai eu lu cinq fois chaque phrase, cinq fois aussi; après avoir lu cinq fois chaque phrase d'un alinéa et cinq fois chaque alinéa d'un chapitre, j'ai lu le chapitre cinq fois encore.

Je ne me suis pas contenté de cette lecture multipliée. Ayant lu quelque part que Cicéron avait transcrit les harangues de Démosthène, j'ai pris mon *Télémaque*, que j'avais cessé de lire depuis un mois, et je l'ai transcrit, non un fois, non pendant six mois ou un an, mais durant six années entières.

Voilà quel a été mon travail sur le *Télémaque* pour apprendre à écrire. Si après tant d'efforts et de constance mon style ne vaut rien, que l'on ne s'en prenne pas à la méthode que je recommande, mais à moi qui ai très-peu de talent.

Vous me demanderez peut-être la raison pour laquelle je lisais une phrase cinq fois de suite, avant de passer à la suivante.

Je lisais cinq fois chaque phrase pour voir l'orthographe ; puis, la ponctuation ; ensuite les règles de la grammaire ; après, la propriété des termes, la correction de l'expression ; enfin, la simplicité, le naturel, la clarté, la concision, la curiosité excitée, suspendue, puis satisfaite ; en un mot, la construction et la beauté de la phrase.

Je lisais cinq fois chaque alinéa pour étudier d'abord la place de chaque idée et voir comment chacune d'elles était exprimée en son temps. La seconde lecture était pour saisir la force de l'expression ; la troisième, pour remarquer le style périodique ou coupé, et voir dans quelles occasions ils étaient employés. La quatrième lecture était consacrée à goûter le plaisir que fait éprouver un livre bien écrit. Enfin, à la cinquième lecture de l'alinéa, je supposais que je composais moi-même ce que je lisais.

Vous me demandez pourquoi, après avoir lu cinq fois

chaque phrase, cinq fois chaque alinéa, je lisais encore cinq fois le chapitre.

Je lisais le chapitre une première fois pour voir de quelle manière l'auteur traitait son sujet, l'exposait et le développait. Je lisais le chapitre une seconde fois pour étudier la suite des idées, leur ordre, leur liaison, leur enchaînement. J'apportais à cette étude une attention toute particulière; car il m'arrivait souvent alors dans mes compositions, après avoir laissé brusquement une idée que j'avais commencé d'exprimer, d'en prendre une autre, et puis de revenir à la première pour lui donner tout le développement qu'elle demandait : défaut que l'on a au commencement, mais dont un écrivain doit se défaire bientôt, même dans un travail plein de feu, tandis que l'on ne domine pas bien son sujet. Je lisais une troisième fois le chapitre pour étudier la variété du style, le style simple, tempéré, sublime. Je lisais le chapitre en quatrième lieu pour goûter, comme j'avais fait déjà pour l'alinéa, le plaisir que donne un livre bien écrit : durant cette lecture j'étais auditeur, j'écoutais Fénelon, racontant avec sa brillante imagination, son noble et beau caractère, son cœur aimant et sensible, son style simple et élégant, racontant d'une manière admirable les aventures de Télémaque. Enfin, je lisais le chapitre une cinquième fois, supposant encore que c'était moi qui composais, qui racontais, qui écrivais.

Voilà ce que j'ai fait pour le *Télémaque* afin d'apprendre à écrire. Si mon professeur de cinquième, qui me professa aussi la quatrième, que je prie Dieu de conserver longtemps à l'établissement qui a le bonheur de le posséder, lit un jour ce qui précède, il verra avec

quel zèle et quelle constance j'ai suivi son conseil :
il verra même que je suis allé au delà, et il ne me
blâmera pas, car en ces sortes de choses il n'y a point
excès.

Me suis-je borné à lire et à transcrire le *Télémaque*
pour apprendre à écrire ? Non, depuis longtemps j'a-
vais de l'admiration pour Racine, pour son beau style,
son style magnifique, simple et naturel ; je savais que
Racine et Boileau sont les poëtes qui écrivent le mieux :
après avoir lu, relu, copié et recopié le *Télémaque*, je
lus et je relus et transcrivis Racine, son *Esther* et son
Athalie, ses deux plus belles tragédies, celles dont la
diction est la plus noble et la plus irréprochable.
Comme pour le *Télémaque*, je lisais cinq fois chaque
phrase ; cinq fois chaque alinéa, cinq fois chaque acte,
cinq fois la pièce.

Je ne pouvais manquer d'étudier Boileau après Racine, à cause de la perfection de son style. Car j'étais
comme le chercheur d'or qui abandonne son pays, traverse les mers, et court en Amérique, quand on annonce
qu'une mine de ce métal vient d'être découverte. J'appris Boileau par cœur, mais j'abandonnai bientôt ce
rude et difficile exercice. Au bout de trois ou quatre
mois ma mémoire devint paresseuse au point de ne
pouvoir retenir deux vers quand je les aurais lus cent
fois de suite. Je jetai le livre et maudis ma mémoire,
qui n'était pas coupable ; elle était la victime de ma
passion fougueuse pour apprendre à écrire comme écrit
le divin Boileau ; je cessai d'apprendre ce poëte, mais
je le lus et je le relus, et puis je le transcrivis.

Après Boileau je revins à Racine, non à ses pièces
de théâtre, mais à ses lettres que j'avais parcourues

et qui m'avaient paru écrites avec un art infini. On ne parle pas assez des lettres de Racine. Elles ont un charme indéfinissable ; aucun écrivain français du grand siècle n'a excité peut-être autant mon admiration par la beauté, la correction, la simplicité, la grâce, l'harmonie de la phrase, comme Racine dans ses lettres. Il est des phrases de sa correspondance, qu'il entretenait avec Boileau, La Fontaine, que j'ai lues cent fois de suite. Quand je rencontrais une phrase qui excitait mon enthousiasme, je disais en arrêtant de la lire cent fois : Grand Racine, je lirai cent fois cette phrase si bien faite. Dans ce siècle de décadence extrême, on joue souvent cent fois de suite une pièce très-mal composée et très-mal écrite : eh bien ! je vais lire cent fois de suite cette phrase, qui mérite si bien le culte que je veux lui rendre. — Je transcris la phrase suivante que j'ai lue deux cents fois. On jugera par elle du style des lettres de Racine. Il écrit d'Uzès : « La moisson est déjà fort avancée ; et elle se fait plaisamment ici, auprès de la coutume de France ; car on lie les gerbes à mesure qu'on les coupe ; on ne laisse pas sécher le blé, et dès le même jour on le porte à l'aire où on le bat aussitôt. »

Cette phrase n'est-elle point belle et bien écrite ? Quel magnifique tableau ! Que de vérité, de naturel, de simplicité et de charme, de noblesse, de grandeur dans une seule phrase de trois ou quatre lignes. Quelle douceur, quelle harmonie, quelle facilité, quelle aisance ! C'est de la poésie : on dirait que c'est Apollon qui parle, ou une des neuf muses : mais pourquoi nommer Apollon et ses muses ? on croirait entendre Moïse racontant l'histoire si touchante de Joseph, ou bien on

dirait que la plume qui a fait cette phrase est la même
qui a écrit l'idylle si touchante de Ruth : Ruth ne voulant pas, après la mort de son mari, se séparer de sa
belle-mère ; s'attachant à elle, quittant pour elle sa
patrie, et allant glaner pour elle, pour apaiser sa faim,
quelques épis de blé.

Qu'on remarque dans la phrase de Racine ce qui
fait le grand écrivain, ce qui fait passer un ouvrage à
la postérité. Chaque membre de phrase renferme une
idée ; ainsi : La moisson est déjà fort avancée ; | et elle
se fait plaisamment ici, | auprès de la coutume de
France ; | car au lieu de lier les gerbes | à mesure
qu'on les coupe, | etc. C'est là ce qui fait le grand écri-
vain. Celui qui veut apprendre à écrire doit s'efforcer de renfermer une idée dans un membre de
phrase de 3, 5, 7, 9, 15, 17 syllabes. Mais j'arrête ma
plume, car si je la laissais parler de Racine, il est six
heures du matin, ce soir à neuf heures elle n'aurait
pas encore terminé tout ce que j'aurais à dire de ce
grand génie et de sa perfection dans l'art d'écrire.

Après tant d'efforts et tant de travaux pour apprendre à écrire correctement et agréablement, me suis-je
contenté des études que je viens d'indiquer ? Après
Racine j'ai étudié, pour le style, les oraisons funèbres
de Bossuet. J'avais été frappé de tout temps, en lisant
les oraisons funèbres de l'Aigle de Meaux, de la manière
avec laquelle il s'élève au-dessus des sujets qu'il traite
et donne à ses idées un ordre, une liaison et un mouvement admirable. Or, s'élever au-dessus de son sujet,
comme un aigle au-dessus des montagnes qu'il habite ;
monter, monter toujours dans les régions les plus élevées de la pensée pour parler de Dieu, de l'homme, de

l'éternité ; puis de cette hauteur fondre sur la terre pour détruire, pulvériser et anéantir l'erreur, n'est-ce pas là ce à quoi l'écrivain doit viser ? Je ne me suis jamais flatté de posséder un jour l'élévation ni la force de génie de Bossuet ; mais je me suis dit : Si tu ne peux t'élancer dans les airs comme l'aigle, tu dois essayer de t'élever au-dessus de la terre, et de gravir peu à peu les flancs de la montagne au sommet de laquelle l'aigle de Meaux a placé son aire.

Donc j'ai lu et j'ai relu, puis j'ai transcrit, ensuite j'ai appris de mémoire les oraisons funèbres de Bossuet, je ne les ai pas encore finies, j'apprends maintenant celle du grand Condé. J'aurais achevé depuis longtemps ce travail ; mais souvent, après avoir lu, transcrit et ensuite appris de mémoire une oraison, je ne suis pas content, ma soif n'est pas encore apaisée ; je recommence cette oraison, je la lis, je la relis et je la transcris comme pour la première fois.

Après l'oraison du grand Condé, cesserai-je d'étudier le style ? Je ne le pense pas ; il est probable que je lirai et relirai et transcrirai encore Cicéron. Car, depuis que je l'ai lu, j'ai aussi soif de son style, et je ne sais si je pourrai résister au besoin impérieux que je ressens de l'étudier, je veux dire, de le savourer et d'en jouir.

J'ai oublié de dire que, durant que j'étudiais le style dans les auteurs dont je viens de parler, j'ai lu, je ne sais combien de fois, les harangues de Démosthène, les quatre *Philippiques,* que l'on explique dans les colléges en rhétorique. J'ai lu ces harangues tant de fois, que je les sais par cœur ; malgré cela je ne laisse pas que de les lire une fois le mois, ne trouvant rien de

beau comme le style simple, naturel, concis, et l'éloquence entraînante de Démosthène.

Pourquoi ai-je étudié pendant un temps si long, et
suis-je encore dans la résolution d'étudier le style afin
d'apprendre à écrire ?

Au XVIIe siècle, alors que régnaient Racine, Boileau, Bourdaloue, Massillon, La Fontaine, on écrivait
bien, en partie, parce que l'on parlait et que l'on écrivait correctement et agréablement; les écrivains médiocres de ce grand siècle écrivaient beaucoup mieux
que les auteurs les plus renommés de notre temps ; on
écrivait donc comme les écrivains qu'on lisait et comme
on entendait parler ; en sorte que, pour écrire avec une
correction et une perfection remarquables, on avait
peu à faire. La lettre de Racine dans laquelle j'ai pris
la belle phrase que j'ai transcrite plus haut, est de
l'année 1662; il avait alors vingt-trois ans. Il n'en
est pas de notre époque comme du grand Siècle. De
nos jours, en général, on écrit très-mal à vingt-cinq
ans, un peu moins mal à vingt-huit; à trente, trente-
cinq ans seulement, on écrit correctement et agréablement. Je crois donc que, dans ce siècle, on doit faire
des études spéciales pour le style jusqu'à quarante ans.

Ce que je viens de raconter est un peu long, mais
j'ai pensé que ce récit ne serait pas inutile, pour exciter mon lecteur à étudier le style avec le plus grand
zèle et une constance inébranlable.

N'y a-t-il pas à craindre que le style de plusieurs auteurs ne nuise au vôtre ? Il est vrai qu'on dit : se former le style sur un auteur, prendre le style de tel écrivain. Mais on a dit aussi, je dois le répéter, que le style
c'est l'homme. Ainsi, quelque auteur qu'on lise, on

ne laisse pas que d'écrire avec ampleur ou briéveté, force, concision ou lenteur, suivant son tempérament et son caractère. Mais, comme je l'ai dit déjà, ces qualités diverses ne constituent pas seules le style ; il y en a d'autres sans lesquelles on n'a pas de style et on ne sait pas écrire, et ces qualités essentielles sont communes à tous les écrivains d'un même siècle : ainsi, la coupe de la phrase, la période, l'harmonie, la cadence. Donc on ne laisse pas que de se former le style en lisant plusieurs auteurs du premier ordre, qui ont écrit dans le même siècle. Cette remarque est conforme au conseil d'Horace aux Pisans : « Lisez les chefs-d'œuvre grecs ; » il ne leur recommandait pas de lire seulement un auteur, mais les écrivains du siècle de Périclès.

Quand je recommande de ne lire, pour apprendre à écrire, que les écrivains des grands siècles, on l'à compris, je n'ai point voulu exclure les écrivains de premier ordre des siècles qui ont suivi. Ainsi, on peut très-bien, pour apprendre le style, lire Berryer, qui a vécu dans ce siècle, parce que ses discours sont des chefs-d'œuvre.

Pour ne pas contrarier la formation de votre style, lisez très-peu les écrits qui paraissent, à moins qu'ils ne soient marqués au coin du grand siècle, comme ceux de Lamennais, de Berryer.

Ainsi, pour apprendre à écrire, il faut lire et relire, et transcrire les livres qui sont bien écrits. Sans doute, la lecture peut suffire ; mais de quelle importance n'est pas la transcription ? La transcription force l'esprit à être attentif, à remarquer tous les détails des expressions, les liaisons, les transitions, que la lecture ne révèle pas toujours ou révèle d'une manière moins frappante, à ceux surtout qui sont d'un tempérament vif et ne peuvent s'empêcher de lire très-vite. De plus, si en transcrivant on suppose que l'on compose ce que l'on écrit, on ne peut éviter que de prendre le style de l'auteur que l'on étudie.

La transcription est le moyen qu'ont employé les grands écrivains pour apprendre à écrire. Ainsi Démosthène a transcrit Euripide, Cicéron a transcrit Démosthène. Quand le grand orateur de Rome, si habile dans l'art de bien dire, transcrivait les harangues de Démosthène, il devait donc savoir que l'on retire le plus grand profit de la lecture et de la transcription des chefs-d'œuvre des grands écrivains. Je dirai en passant que Cicéron ayant lu et transcrit Démosthène et ayant pourtant un genre si différent du sien, on ne doit point craindre de nuire à la formation du style en lisant et en copiant plusieurs auteurs.

Je voudrais m'étendre davantage sur la lecture et la transcription des écrivains qui ont bien écrit, mais je crois avoir dit ce qui est le plus important sur ce sujet, pour éclairer, persuader et guider un jeune homme de vingt-cinq, vingt-huit ou trente ans, qui veut savoir écrire un jour. Puis, mon travail s'allonge de plus en plus; je ne veux pas faire un gros livre, mon âge et mon peu de talent s'y opposent, et je ne vois pas encore la fin de cet écrit; je me hâte donc de passer au chapitre troisième.

CHAPITRE III

DE LA TRADUCTION CONSIDÉRÉE COMME MOYEN POUR APPRENDRE A ÉCRIRE

On entend dire tous les jours que la traduction est un moyen excellent pour apprendre à écrire, je dois donc parler d'elle ; et bien que je m'inscrive en faux, et que je pense que ce moyen n'est bon que lorsqu'on sait déjà écrire correctement et que l'on a un style formé, à cause de l'importance qui lui a été donnée dans le siècle dernier et durant celui-ci, j'ai cru devoir en parler dans un chapitre particulier.

Qu'est-ce que traduire un auteur ? C'est transporter ce qu'il a dit dans une autre langue que celle dont il s'est servi. Horace a dit :

Vos exemplaria græca
Nocturna versate manu versate diurna.

Quand je dis cela en français : « Lisez les chefs-d'œuvre grecs, ne cessez pas de les lire ; lisez-les le jour, lisez-les la nuit, » je traduis Horace. Or, pour traduire, il faut connaître la langue dans laquelle on transporte les pensées exprimées dans une autre. Cela est évident ; je ne puis traduire Horace en anglais, si je ne connais pas la langue anglaise.

Mais, pour traduire Horace dans la langue que je parle, faut-il que je la connaisse seulement un peu ? Non, évidemment. Pour rassembler des pierres afin de construire un édifice, il faut que je sache les tailler

ou les faire tailler de telle manière, rondes ou carrées,
ou d'une autre façon. De même pour traduire, il
faut que je sache écrire la langue dans laquelle je
veux transporter les pensées d'un autre ; et je ne
dois pas connaître cette langue imparfaitement ; je
dois la posséder et l'écrire avec habileté, pour lutter
avec l'écrivain que je traduis, afin de rendre sa pensée
telle qu'il l'a exprimée dans sa langue, avec les expressions et les tournures de la mienne.

Mais un élève de quinze, dix-huit ans, connaissant
la grammaire française, écrivant le français d'une manière correcte, ne peut-il pas s'appliquer à la traduction pour se former le style et apprendre à écrire ? La
traduction n'est-elle pas pour lui un moyen efficace,
souverain, pour apprendre à écrire? Si je ne me trompe,
c'est là le nœud de la question. Je vais essayer de répondre. Je dis que la traduction est non-seulement un
moyen inefficace pour ce jeune homme, mais que c'est
encore pour lui un moyen nuisible.

Il y a dans le style, je le répète, les qualités qui
appartiennent à toutes les langues, comme la clarté, le
naturel, la concision, la force, la douceur, la grâce,
l'harmonie, le mouvement, et il y a ce qui fait le style
proprement dit, l'expression, la tournure, la place
des mots, art que chaque langue possède en propre. Ainsi si je traduisais ces vers d'Horace :

Exemplaria græca
Nocturna versate manu, versate diurna,

avec l'expression et la tournure latines, ainsi : les
exemplaires grecs nocturne maniez avec la main, maniez avec la diurne ; je ne parlerais pas du tout fran-

çais. Il faut donc, pour traduire cette phrase, que j'emploie des expressions françaises, des tournures françaises, ainsi : lisez les chefs-d'œuvre grecs et ne cessez pas de les lire ; lisez-les le jour, lisez-les la nuit. Or, qui m'apprendra les expressions et les tournures françaises qui me sont nécessaires pour traduire ? Ce seront les seuls auteurs français, et plus je lirai les auteurs français qui ont bien écrit, et plus, à leur exemple, j'emploierai des expressions propres et des tournures élégantes. On me dira : mais pour rendre la force ou la douceur, la grâce, l'élégance d'un écrivain d'une langue autre que la vôtre, il faut chercher ; ce travail apprend à écrire ? Non, ce travail n'est point utile aux commençants, il n'est utile qu'à ceux qui savent déjà écrire. Fénelon, dans son discours de réception à l'Académie, dit de Pélisson que dès son enfance il apprit d'Homère, en le traduisant presque tout entier, à mettre de la vie et de la grâce dans les moindres peintures. On le voit, Pélisson traduisit Homère non pour apprendre à écrire, mais pour acquérir ces qualités qui appartiennent au style, mais ne sont pas le style et sont du domaine de toutes les langues.

Les écrivains célèbres, dit-on, ont traduit les auteurs latins, les auteurs grecs. La traduction a été en vogue au dernier siècle surtout, qui n'a pas produit des écrivains remarquables comme ceux du siècle de Louis XIV, et si les écrivains célèbres dont on parle ont fait des traductions, c'est lorsque leur talent était développé et leur style déjà formé.

Ceux qui donnent la traduction comme le meilleur moyen pour apprendre à écrire, disent pour engager à employer ce moyen que Démosthène a traduit Euripide. Que veulent-ils dire en parlant ainsi? Démosthène, étant grec et apprenant le grec, ne pouvait traduire Euripide qui était grec aussi. Que veut-on dire quand on avance que Démosthène a traduit Euripide? Démosthène a transcrit Euripide, c'est là ce qu'on lit dans sa vie. Je comprends, cette fois : l'orateur d'Athènes savait que, pour apprendre à écrire, il faut lire et transcrire des livres de sa langue, et il a employé ce moyen. On dit encore que Virgile a formé son génie sur celui d'Homère ; je comprends encore ; mais au commencement, quand il étudiait, il n'a pas lu le poëte grec afin d'apprendre à écrire ; il a lu les écrivains latins qui avaient paru avant lui. Comme Virgile a transcrit Homère, Cicéron a transcrit Démosthène pour apprendre de lui à parler avec éloquence. On avance qu'il a traduit les discours de l'orateur athénien. Cela n'est pas, où l'a-t-on lu? Les seules traductions qui soient attribuées à Cicéron sont : 1° les traductions de certains morceaux de Platon, vaguement indiqués ; 2° les *Économiques* de Xénophon, faites en l'an 80 ou 79. Cette traduction était en trois livres, dont Servius nous a conservé les arguments ou sommaires.

Ainsi Démosthène n'a pas traduit Euripide, pas plus que Berryer n'a traduit Bossuet. Fénelon, Racine, Jean-Jacques-Rousseau et d'autres écrivains célèbres ont traduit des auteurs grecs ou latins, mais alors que leur style était déjà formé.

Ceux qui avancent que Cicéron a traduit Démosthène, confondent la traduction avec la transcription, car ils disent : Cicéron a traduit ou copié Démosthène. Quand ils parlent ainsi, ils rejettent leur système et prouvent le mien. Vous dites encore que Cicéron quittait la tribune pour aller traduire Démosthène et se préparer à de plus grands triomphes. Quand Cicéron triomphait à la tribune, il parlait latin d'une manière habile ; il apprenait dans Démosthène le don de persuader, non le style, les expressions et les tournures propres à la langue latine, qu'il possédait déjà.

J'ai ajouté que la traduction, loin d'être un moyen efficace chez les commençants pour leur apprendre à écrire, leur est nuisible ; car, le latin ou le grec ne peuvent leur apprendre les expressions et les tournures de la langue française ; ils leur apprennent au contraire à parler grec ou latin avec des mots français. Et cela est prouvé par l'expérience. Celui qui ne lit que du latin, parle cette langue en français : ses expressions, ses tournures sont latines.

Qu'arrive-t-il aux enfants du Midi, qui parlent patois en bas âge, quand ils font des compositions françaises ? Ils emploient des tournures et des expressions patoises, et leurs professeurs déplorent qu'ils aient parlé ou entendu parler cette langue pendant leur enfance.

On connaît le reproche que Boileau a fait à Ronsard, dans son *Art poétique*. Il lui reproche d'avoir transporté en français des mots et des expressions latines. Pourquoi Ronsard a-t-il commis cette faute ? parce qu'il avait voulu former son style sur le latin. Du Bellay, dans son *Illustration de la langue française*, indique en 1550, alors que la langue n'était pas formée, l'imitation des Anciens ; mais par là il n'entend pas la reproduction servile des images et des mots employés par les poëtes et les prosateurs de Rome.

Montaigne a mérité aussi le même reproche que Boileau a fait à Ronsard. On trouve dans ses écrits un mélange de la langue de Sénèque et de Tacite avec l'idiome de Marot et le patois du Périgord. La raison qu'on donne de ces fautes que l'on reproche à Montaigne, c'est que la langue latine avait été sa langue maternelle.

Ces raisons, qui seules devraient suffire pour faire rejeter la traduction par les directeurs de colléges et de séminaires, et par ceux qui commencent à écrire et dont le style n'est pas tout à fait formé, reçoivent une force nouvelle du fait suivant. Ceux qui donnent la traduction comme un moyen efficace pour apprendre à écrire, recommandent pour la plupart à leurs jeunes traducteurs de s'appliquer, en traduisant, à transporter dans notre langue les expressions, les tournures, autant que faire se peut, de manière à ce que l'on reconnaisse que leur écrit est une traduction. Que l'on me dise si l'on peut donner un moyen plus nuisible à l'élève qui veut apprendre à écrire ! Car alors que faites-vous de votre langue, de votre style ; vous écrivez le français d'une manière baroque. Et c'est là où je voulais en venir : la traduction des jeunes gens, loin d'indiquer un style qui se forme, fait voir un style bizarre, comme je viens de le dire, baroque, qui n'est pas du style. Je conclus donc que la traduction, loin de former le style chez les commençants, leur apprend à écrire mal le français, et que l'on ne devrait jamais ne leur faire faire que des versions mot par mot. Pour leur apprendre à écrire on devrait leur faire transcrire par jour, depuis l'âge de dix ans, une page du *Télémaque*.

Vous me demandez si, à l'exemple de Pélisson, quand

on a formé son style, on ne doit pas traduire, afin d'emprunter aux Anciens la vie, la grâce et le mouvement ? Pélisson a traduit Homère pour apprendre à donner à ses peintures de la vie et de la grâce, selon l'expression du Cygne de Cambrai, parce qu'il avait paru peu d'auteurs en France que l'on pût imiter. Qu'on lise Fénelon, Massillon, La Fontaine, Racine, Corneille, Bossuet : ces écrivains ont de la vie, du mouvement, de la grâce. Mais ne devez-vous pas lire Homère et Démosthène ? Si, lisez et relisez Homère, lisez et relisez Démosthène, mais ne les traduisez pas. Lisez Homère et Démosthène pour emprunter au premier sa simplicité et son naturel ; au second, sa simplicité, sa force, son éloquence ; mais en même temps étudiez le style tous les jours, pendant demi-heure, dans Fénelon, Racine ou Boileau.

Je me suis étendu beaucoup sur la traduction : je le devais, afin de persuader ceux qui donnent ce moyen comme efficace chez les jeunes élèves pour apprendre à écrire, alors qu'il produit un résultat tout contraire.

CHAPITRE IV

DE L'EXERCICE A FAIRE POUR APPRENDRE A ÉCRIRE

Il servirait de peu de chose de consacrer pendant dix ou quinze ans demi-heure par jour à l'étude du style ; de lire et de relire, et de copier les meilleurs auteurs, si en faisant ce travail on ne s'exerçait en même temps à écrire. Étudier la littérature, copier et recopier un auteur, c'est là la théorie du style ; si l'on n'y joint la pratique en écrivant, on ne saura jamais écrire.

Donc, en même temps que vous recommencerez vos études, que vous étudierez la grammaire française, la littérature, St Thomas, vous écrirez et vous consacrerez chaque jour une heure et demie à cet exercice. Vous ne laisserez passer aucun jour sans écrire; car, de même que j'ai dit dans le chapitre précédent, que plus on lit et on transcrit les livres qui sont bien écrits, plus on se forme le style; de même plus on écrit, plus on apprend à écrire avec facilité, avec propriété dans les termes, correction dans les expressions, avec grâce et agrément.

Mais qu'écrirez-vous à l'âge de vingt-cinq ans, alors que l'on possède peu de connaissances? Quels sujets traiterez-vous, alors que vous ne pourrez disposer que d'une heure et demie et que cet exercice ne devra pas vous émouvoir et vous attacher de manière à nuire à vos autres études?

Comme je l'ai déjà indiqué, je vous conseille d'avoir un ami ou une connaissance, à qui vous écrirez tous les jours une lettre de quatre pages, ne lui envoyant vos lettres réunies qu'une ou deux fois la semaine, comme papiers d'affaires.

Que direz-vous à cet ami ou à cette connaissance, dans cette lettre de quatre pages, petit format, que vous lui écrirez tous les jours? Vous direz à votre ami n'importe quoi, tout ce qui frappera votre esprit, ce que vous avez vu, ce que vous avez entendu; car l'essentiel n'est pas de chercher un sujet, de le méditer profondément, de le traiter d'une manière supérieure, l'essentiel c'est d'écrire afin d'apprendre à exprimer vos pensées avec facilité, ordre, liaison, etc. Vous pourrez parler à votre ami de vos travaux intellectuels, de vos projets d'études; mais préférablement, comme je l'ai remarqué au chapitre des auteurs, vous devrez parler de ce qui vous aura frappé dans vos lectures de la veille, des pensées profondes que vous avez rencontrées dans les livres que vous étudiez, dans St Thomas, Bossuet, Fleury, Thomassin. De la sorte, vous aurez toujours quelque chose à dire, et vous retiendrez mieux ce que vous lirez.

Mais il y aura des jours où vous éprouverez pour cet exercice le plus profond dégoût; vous ne trouverez dans votre esprit aucune idée; il vous sera même impossible de commencer ou d'achever une phrase! Que devrez-vous faire alors? Écrivez quand même. Dites, par exemple, que jamais votre dégoût pour l'exercice du style n'a été aussi grand. Ajoutez que vous avez quatre pages à remplir, que vous ne savez que dire et qu'il vous sera même impossible d'arriver à la fin de la première. Déplorez la faiblesse de notre nature, l'impuissance de notre volonté. Indignez-vous ensuite contre votre corps, qui cause la lenteur, la paresse de votre esprit et le dégoût que vous éprouvez. Après avoir exprimé cela, vous remarquerez avec plaisir et contentement que vous touchez à la fin de la première page, où vous ne comptiez pas arriver. Vous vous réjouirez d'avoir fini une page et de n'en avoir plus que trois à remplir; vous vous applaudirez d'avoir surmonté votre dégoût, d'avoir lutté contre votre paresse et d'en avoir triomphé, et vous remercierez Dieu de vous avoir donné du courage pour aller droit à votre ennemi et la force pour l'attaquer et le vaincre. Vous pourrez dire alors que Dieu est bien au-dessus de l'homme, lui qui d'une seule parole a créé l'univers et les êtres innombrables qui le composent; combien de paroles ne faut-il pas à l'homme, alors même qu'il est doué d'un vaste et profond génie, pour exprimer ses pensées! Tacite, le grand Tacite, est de tous les écrivains celui qui a le plus de concision; que de paroles n'emploie-t-il pas pour exprimer une pensée! En terminant cette phrase, vous observerez que vous avez non-seulement achevé la seconde page, mais que vous avez rempli la moitié de la troisième, et vous exprimerez encore votre contentement.

Mais quand vous aurez fini cette troisième page, votre fécondité aura disparu et la stérilité la plus grande succèdera. Que ferez-vous? abandonnerez-vous la quatrième page? Non, jamais! Vous voulez apprendre à écrire, vous ne devez laisser passer aucun jour sans écrire quatre pages. Que ferez-vous? que direz-vous? Vous direz qu'à votre fécondité heureuse a succédé une stérilité désolante. Vous déplorerez encore la faiblesse de votre intelligence qui, semblable à la terre, qui a ses jours et ses nuits, se trouve tour à tour féconde et stérile. Vous direz que votre esprit est comme la mer que le vent soulève avec fureur contre le ciel, ou bien laisse tranquille et rend calme et polie comme la surface d'un miroir, ou bien encore agite doucement, caresse et semble faire frémir de plaisir. Mais en achevant d'exprimer cette pensée, vous aurez dépassé la moitié de la quatrième page; vous vous écrierez alors, empruntant les paroles de Moïse, pour exprimer la joie que vous éprouvez à la vue de vos ennemis vaincus, de votre dégoût, de votre stérilité dont vous avez triomphé : *Cantemus Domino, equum et ascensorem dejecit in mare.* Gloire à Dieu! c'est lui, car c'est pour lui que j'étudie, qui m'a donné la force pour lutter contre mon dégoût et m'a fait triompher de ma stérilité.

Ainsi, vous devez ne laisser passer aucun jour sans écrire quatre pages, malgré votre fatigue, votre paresse et votre stérilité; parlant, dans cet exercice, de vos travaux de la veille, des livres que vous avez sur la table, d'un bel encrier en cristal, avec un couvercle en cuivre jaune, qui a un ressort et un secret pour s'ouvrir; de votre beau porte-plume fait d'ébène, avec le bout en melchior, encrier et porte-plume, cadeau agréable d'un ami fidèle et constant.

Mais vous n'éprouverez du dégoût et de la stérilité pour l'exercice du style que dans les commencements; vous en triompherez bientôt si vous luttez contre eux, et si vous êtes fidèle à remplir vos quatre pages. Quand votre répugnance pour l'exercice du style provient de la fatigue, prenez un bain, vous serez étonné de la facilité que vous aurez ensuite pour écrire et de votre fécondité.

Devez-vous corriger ces sortes de compositions? Je vais vous le dire, après que je vous aurai indiqué la méthode que vous devez employer pour les faire.

Le soir, en quittant vos vêtements, pensez à ce que vous devez écrire le lendemain matin; arrêtez de traiter tel sujet, et de le traiter de manière à ce que vous soyez satisfait. Le lendemain matin employez un quart d'heure à méditer ce que vous allez écrire, à noter les idées que vous voulez développer, indiquant l'ordre que vous devez suivre. Employez après cela trois quarts d'heure à remplir vos quatre pages, puis consacrez une demi-heure à corriger. Pour ne pas perdre de temps, en corrigeant vous ne transcrirez pas; vous ferez vos corrections dans les interlignes, ou bien vous soulignerez ce que vous conserverez du premier jet, vous écrirez les corrections et les additions sur un autre papier. Quand la dernière minute du temps consacré à cet exercice sera venue, vous laisserez votre plume aussitôt, vous prendrez votre lettre et vous la brûlerez, à moins que vous ne l'envoyiez à un ami ou à une connaissance.

Si vous voulez garder ces sortes de composition, je le veux bien; mais à condition que vous ne les relirez que dans des moments de loisir. Mais si vous m'en croyez, vous brûlerez pendant dix ou quinze ans tout ce que vous écrirez, afin que vous ne perdiez pas de temps à lire des sujets traités souvent d'une manière remarquable, mais dont les imperfections nombreuses demandent que vous les détruisiez.

Quand vous aurez écrit pendant six ou huit ans, vous pourrez commencer à traiter de petits sujets philosophiques, théologiques, littéraires. Vous ne serez point en peine alors de trouver de pareils sujets et de les écrire avec facilité. Vous pourrez leur consacrer deux ou plusieurs jours, mais vous ne leur donnerez jamais par jour plus d'une heure et demie; car il est essentiel que pendant les dix premières années, vous étudiez pour acquérir la science, et que pour cela vous observiez scrupuleusement votre règlement. Par conséquent si, avant que les dix années de vos études sérieuses soient achevées, l'on vous dit que vous écrivez bien, que les petits sujets que vous traitez et que vous donnez à lire à vos amis sont achevés, et que le moment est venu pour vous de faire imprimer vos écrits; résistez à ce conseil pernicieux, continuez à brûler tous vos exercices, jusqu'à ce que vous ayez trente-cinq ans pour le moins.

Mais si à vingt-cinq ans vous avez des discours, des sermons à composer : ils feront le sujet de votre exercice pour le style ; vous ne leur consacrerez qu'une heure et demie, ce temps suffira ; vous ne les brûlerez pas pour le moment, mais seulement quand vous en aurez composé d'autres que vous brûlerez à leur tour : vous ne garderez des écrits sortis de votre plume que ceux que vous ferez après avoir étudié pendant dix ans. Si vous commenciez à étudier à trente-deux, trente-cinq ans, il est inutile de dire que vous pourriez vous faire imprimer avant les dix années que j'indique, si vous jugiez vos écrits dignes d'être livrés à la publicité.

Ici finit la seconde partie de ce livre. Cette partie indiquant proprement ce que l'on doit faire pour acquérir la science et apprendre à écrire, on devra la lire souvent, afin de ne pas oublier les conseils pratiques qu'elle renferme.

TROISIÈME PARTIE

DES MOYENS SUBSÉQUENTS POUR ACQUÉRIR LA SCIENCE ET APPRENDRE A ÉCRIRE

CHAPITRE PREMIER

DU CHOIX DES OUVRAGES A COMPOSER

Quand vous aurez étudié douze heures par jour, que vous aurez consacré chaque jour demi-heure au style, et une heure et demie à l'exercice du style, et que vous aurez traité pendant dix ans des sujets particuliers : il arrivera un jour où vous hésiterez de jeter au feu les écrits qui sortiront de votre plume, et où vous sentirez en vous-même je ne sais quoi qui vous poussera à livrer à vos semblables le fruit de vos travaux. Devrez-vous résister à la voix intérieure qui vous criera, et le jour et la nuit, et avec une force toujours croissante, que le moment est venu de faire part aux autres de vos connaissances acquises ? Non, vous ne devrez pas résister à cette voix intérieure, car lui résiter ce serait être infidèle à votre mission.

Mais l'illusion n'est-elle pas à craindre ? Comment saurez-vous avec certitude que vous avez le talent et l'habileté nécessaires pour faire des livres ? C'est ici le lieu de consulter une personne instruite, capable de vous dire si vous devez écrire ou non pour le public, ou bien si vous devez étudier encore quelques années, afin que votre talent se développe davantage, pour que votre style achève de se former, devienne plus correct et plus agréable.

Vous consulterez donc une personne capable de porter sur vos écrits un jugement vrai. Lecteur, vous croyez peut-être que l'objection est ainsi résolue; que cette personne que vous consulterez vous dira ce que vous devez faire : c'est ici que la difficulté commence. Car, pour que l'on vous donne un conseil marqué au coin de la vérité, il faut que la personne instruite, passant par-dessus les règles de la convenance et de la politesse, vous dise, sans craindre de vous faire de la peine : « L'écrit que vous m'avez lu ne vaut rien, il faut le brûler; Monsieur, Dieu ne vous a pas donné assez de talent pour faire des livres; » ou bien : « Monsieur, il ne faut pas encore penser à vous faire imprimer. » Or, où trouverez-vous cette personne sincère et courageuse? Où irez-vous la chercher? Il vous sera difficile aussi de trouver quelqu'un d'instruit qui veuille faire la critique détaillée, travail long et pénible, de votre composition, de manière à vous persuader que le moment n'est pas encore venu d'écrire pour le public, ou bien qu'il n'y faut jamais songer, parce que vous n'avez pas assez de talent.

Les personnes instruites qui vous connaissent peu ne voudront pas, dis-je, vous faire de la peine; elles vous diront : « En somme, c'est bien; tel passage est à retoucher; vous devez vous corriger de tel défaut; vous manquez de telle qualité; en résumé, c'est bien, votre style est clair; oui, vous pouvez vous faire imprimer. » Si vous vous contentez d'un jugement si général, vous vous exposez à vous tromper. Il faut des raisons claires et évidentes, qui vous convainquent; il faut que l'on entre dans le détail. Que d'auteurs trompés par de pareils jugements marqués au coin de la politesse et des convenances, mais non de la vérité! Celui à qui vous montrez vos écrits ne veut point vous faire de la peine, il est poli; s'il a assez de force pour vous montrer vos fautes, le plus souvent il fait en sorte de vous louer plus qu'il ne vous blâme, surtout s'il voit que vous trouvez bien l'écrit que vous lui soumettez.

Parmi les personnes instruites à qui vous soumettrez vos écrits, il s'en trouvera un grand nombre qui, au désir de ne point vous causer de la peine, ne voudront pas s'exposer à faire de vous un ennemi qui parlera mal d'eux. « Je le connais très-peu, » diront-ils, « pourquoi aller m'exposer à me faire accuser d'ignorance, de jalousie; » et comme les autres, tout en condamnant votre composition en eux-mêmes, ils la loueront, ils vous donneront même de chaleureuses approbations que vous ne manquerez pas de faire imprimer dans les journaux, sur la couverture de votre livre, sur les prospectus que vous enverrez pour dire au public quel est votre libraire, approbations qui prouveront, quand on aura lu quelques pages de votre ouvrage, la politesse, la complaisance extrême du professeur, du journaliste, de l'écrivain distingué à qui vous avez fait lire votre manuscrit.

Ainsi, vous le voyez, vous ne pourrez guère connaître la vérité sur votre talent et votre habilité dans l'art d'écrire, ni savoir si vous devez vous faire imprimer.

Je ne dis pas absolument que vous ne parviendrez pas à trouver quelqu'un qui vous dise la vérité de manière à vous persuader; mais j'ose avancer que vous ne trouverez pas cette personne.

« Mais, hâtez-vous de me dire, un ami me dira assurément la vérité sur mon talent et sur mes écrits; il me dira, sans crainte de me froisser et de manière à me convaincre, si le moment est venu pour moi de livrer mes écrits à la publicité. »

Erreur! Un ami, dans cette circonstance, sera pour vous d'une utilité moindre que la personne étrangère qui vous connaît à peine, dont je viens de parler. Votre ami voudra-t-il vous faire de la peine? N'aura-t-il pas pour vous de la politesse, des convenances, des égards? Vous trouverez peut-être un ami qui vous dira qu'il sera pour vous le juge le plus sévère; il croira sur le moment devoir être tel, mais en lisant votre manuscrit, il sentira sa fermeté diminuer; il sera bien aise de rencontrer une page bien écrite pour vous dire : « C'est bien, c'est sublime; oui, oui, il faut vous faire imprimer. »

Ainsi, l'amitié de ces amis vous sera inutile. Mais plût à Dieu qu'il n'y eût sur la terre que d'amis ne voulant pas faire de la peine à ceux qu'ils aiment et dont ils sont aimés! car est-ce un grand inconvénient que des livres mal pensés, mal écrits, s'impriment, quand surtout ils disent la vérité et sont moraux?

Parmi vos amis et vos connaissances à qui vous pourriez soumettre vos manuscrits, vous en trouverez d'autres; et, pourquoi faut-il qu'il en soit ainsi! ce sera le plus grand nombre, qui éprouveront de la jalousie. Ces amis vous traiteront d'insensé quand ils vous verront enfermé dans votre cabinet d'étude , étudiant jour et nuit. Quand, causant avec eux, vous ne pourrez vous empêcher de leur communiquer vos goûts pour l'étude, vos projets , ils vous fermeront la bouche ; ils vous crieront que vous vous faites grandement illusion ; que vous n'avez pas plus de talent qu'ils n'en ont ; que vos projets, les livres qui renferment des conseils pour acquérir la science et apprendre à écrire ne sont pas pour vous. Témoins de votre constance, ils diront à qui voudra les entendre que vous ne savez pas étudier; ils vous tourneront en ridicule; enfin, quand après huit, neuf ans d'études , ils verront que vous ne donnez aucune preuve que vos travaux intellectuels produisent des fruits ; oh ! alors comme ils s'applaudiront ! Ils s'écrieront : « Je l'avais bien dit qu'il n'avait pas de talent, qu'il se faisait illusion, qu'il ne parviendrait jamais où il voulait arriver ; j'ai mis tout en œuvre pour lui faire ouvrir les yeux ; je l'ai même tourné en ridicule, tel jour, devant telle personne , je n'ai pu venir à bout de vaincre son fol entêtement. »

Voilà comment se conduiront envers vous le plus grand nombre de vos amis et de vos connaissances durant vos dix années de longues et de pénibles études. Or, de quelle utilité sera pour vous l'amitié de ces sortes d'hommes, quand vous vous demanderez si vous devez vous faire imprimer ? Pourrez-vous même aller consulter ces amis et ces connaissances, gens sans talent et à courte vue , que l'envie et la jalousie dévore ? Quand je vous conseillerais de leur soumettre vos manuscrits, vous ne pourriez le faire.

Qui vous indiquera donc que vous êtes mûr pour le public ? A quelle marque reconnaîtrez-vous que le moment est venu de donner vos manuscrits à l'imprimeur ?

La jalousie de ceux qui ont moins de talent que vous, qui ont moins de science que vous, en sera une marque, jalousie qui vous suscitera des tracasseries de leur part, plus grandes et plus nombreuses à mesure que vous avancerez dans la carrière des lettres.

L'approbation des gens peu instruits, mais doués d'intelligence et de sensibilité, qui liront vos écrits avec intérêt, passion, enthousiasme sera un autre signe. Quelque peu perspicace que soit votre jugement, il vous sera facile de reconnaître si l'admiration que vos ouvrages produiront est naturelle ou affectée. Plus vous écrirez bien, et plus l'admiration de ceux qui, dans un autre rang que vous, ne se croient point abaissés par votre élévation, sera vive, grande et subite.

Vous reconnaîtrez surtout que vous avez du talent et que l'ouvrage que vous venez de faire paraître est bien écrit, quand ceux qui sont doués d'intelligence et de jugement, et n'ont dans le cœur ni envie ni jalousie, auront pour vous je ne sais quel respect inaccoutumé, garderont je ne sais quel silence quand vous paraîtrez devant eux.

Vous reconnaîtrez encore que vous devez cesser de brûler vos compositions en employant le moyen qui suit : Lisez une page de Fénelon, de Bossuet ou de Massillon ; lisez ensuite votre dernier écrit ; voyez si vous approchez un peu de ces grands maîtres, pour l'invention et la disposition du sujet, pour l'expression de la pensée et la liaison des idées, et prenez votre parti.

Enfin, il est un dernier signe infaillible, je n'hésite pas à employer cette épithète, qui vous convaincra et vous déterminera. Lisez votre dernière composition ; lisez ensuite un écrivain de ce siècle, un article d'un journal bien rédigé. Si vous écrivez mieux que cet écrivain qui a un certain renom, ou si vous écrivez aussi bien que lui, n'hésitez pas, exécutez le projet que vous avez conçu ; écrivez pour le public, car le temps est venu pour vous d'être utile à l'Église et à vos frères, par votre science et par vos ouvrages.

Je viens de donner les divers moyens que vous devrez prendre pour connaître si vous devez vous faire imprimer ; vous emploierez tous ces moyens, ou bien vous emploierez celui que vous croirez le meilleur.

Quand vous aurez pris la résolution de faire part aux autres de votre science, quels ouvrages composerez-vous ? Il faut considérer quel est votre talent, quels sont vos aptitudes et vos goûts ; quelle est la science qui semble vous sourire, vous ouvrir sa carrière et vous appeler.

Peu d'hommes ont un talent universel même pour une seule carrière. Dans la carrière des belles-lettres, que de routes différentes les unes des autres ! Peu d'hommes sont propres à les parcourir toutes. Celui qui a du talent pour la philosophie, n'en a point pour écrire l'histoire ; celui qui excelle dans le genre roman, ne pourrait écrire un livre de théologie.

Consultez donc votre talent ; voyez quel est le genre dans lequel vous réussiriez le mieux. Vous avez du goût pour l'histoire, écrivez l'histoire ; vous aimez la théologie, faites des livres théologiques. Est-ce la philosophie qui vous attire ou la politique ? Écrivez des ouvrages sur ces diverses sciences.

Vous vous sentez entraîné vers les sciences mathématiques ou naturelles, voyez quels sont les livres que vous pourriez composer sur ces sciences. Travaillez avec ardeur et faites-nous part ensuite des connaissances que vous aurez acquises et des découvertes que vous aurez faites.

Mais vous êtes prêtre : ne laissez pas que de cultiver les siences physiques, si vous avez du goût pour elles. Le chanoine Copernic ne s'est-il pas rendu fameux dans la science des astres, et sa gloire n'a-t-elle pas rejailli sur l'Église? Mais de nos jours, comme je l'ai remarqué au commencement, quel éclat l'illustre Père jésuite, l'astronome Secchi, ne jette-t-il pas sur la religion et sur la congrégation à laquelle il appartient, par sa science et ses découvertes mémorables !

Quand vous aurez bien médité sur votre talent, vos goûts et vos aptitudes, et que vous aurez marqué la route que vous devez suivre, il vous faudra encore bien examiner quel genre vous adopterez. Il y a différentes manières d'écrire l'histoire : un sujet théologique peut être considéré de tel ou tel côté, traité d'une manière oratoire ou scolastique. Que de genres divers en philosophie ! Balmès, de Maistre, Descartes ont écrit des ouvrages philosophiques; combien le genre de chacun de ces philosophes est différent !

Ce sera la méditation qui vous révèlera la spécialité de votre talent. Vous vous mettrez en présence de telle science, de telle branche de connaissance, et vous vous demanderez comment vous devez envisager le sujet que vous voulez traiter.

Si vous ne réussissez pas dans le genre que vous aurez choisi, vous en adopterez un autre. Mais ce ne sera point là une difficulté pour vous, l'instinct, votre-

âme vous dira, durant la veille ou durant le sommeil, quels sont les livres que vous devez écrire, et quel est le genre qu'il vous faut adopter.

Voici mon sentiment sur les livres que l'on devrait écrire à notre époque, et sur ce que l'on devrait faire pour instruire notre siècle : ce sentiment étant partagé par un grand nombre d'hommes savants et expérimentés, je regarde comme un devoir pour moi de le faire connaître :

Je voudrais que des écrivains possédant une science profonde et un grand talent composassent et livrassent à la publicité des livres sur les questions du jour. Combien je voudrais qu'il parût un écrivain dominant son siècle et l'instruisant, comme Bossuet a dominé et instruit le XVIIe siècle ! Il manque à la France chrétienne une grande lumière pour l'éclairer sur la liberté, les diverses formes de gouvernement, les élections, etc.

Je désirerais qu'il parût aussi des écrivains savants, doux et modestes, qui s'occupassent de continuer le *Droit-Canon* de Thomassin, d'écrire des livres sur la discipline de l'Église, afin de ramener notre royaume à la pratique des lois ecclésiastiques.

Il serait à souhaiter qu'il parût des écrivains remarquables, qui écrivissent des romans honnêtes pleins d'intérêt, auxquels on donnerait la plus grande publicité et qui ramèneraient peu à peu la France à Dieu et à l'observation de ses commandements.

Mais ce qu'il faudrait surtout à notre Église de France, ce sont des prédicateurs remarquables par leur science et leur style, attirant autour de leurs chaires des auditeurs nombreux. C'est pour la chaire que les ecclésiastiques devraient surtout étudier ; c'est vers elle que tous leurs efforts devraient tendre. Les hommes indifférents et impies même vont à l'église, écoutent un sermon avec attention et respect, quand le prédicateur prêche avec éloquence, et ils ne sortent pas du temple du Dieu vivant sans être émus, sans sentir leur foi se réveiller et le remords les tourmenter : peu se convertissent après un sermon ; mais il arrive un jour où le malheur fond sur eux, où une jeune et tendre enfant qu'ils aiment s'approche pour la première fois de la sainte Table ; alors la parole du prédicateur célèbre retentit de nouveau à leur oreille, et ils ne refusent pas d'ouvrir la porte de leur cœur à Dieu, qui frappe, les appelle et les prie de lui ouvrir.

On devrait prêcher des conférences pour les hommes dans les villes ayant cinq, six mille âmes et plus. Si, dans toutes les villes un peu peuplées, des prédicateurs ayant du talent, de la science et du style, prêchaient des conférences comme en ont prêché à Notre-Dame le P. Lacordaire et le P. Félix, quel bien ne se produirait-il pas en France !

Qu'on ne dise pas que les talents manquent, je l'ai dit et je le répète, c'est la science qui manque, qu'on n'acquiert pas, qu'on ne favorise pas, à laquelle on apporte même des obstacles.

Enfin, il faudrait des écrivains nombreux, écrivant dans des journaux religieux à cinq centimes, publiant des contes, des romans, des nouvelles diverses, des premiers articles, de nature à donner une instruction saine.

Plût à Dieu que ces paroles fussent entendues dans toute la France, et trouvassent des hommes qui les missent à exécution !

Quand vous aurez résolu d'écrire pour le public, comment vous y prendrez-vous pour composer? combien d'heures consacrerez-vous à la composition? C'est ce que je vais dire dans le chapitre suivant.

CHAPITRE II

DE LA COMPOSITION

Combien d'heures devrez-vous consacrer à la composition? Pendant dix ans, vous aurez donné à la composition, comme exercice du style, une heure et demie par jour; ce temps si court ne peut suffire pour composer des ouvrages; vous joindrez donc aux deux heures de la composition et du style, ou bien à l'heure et demie de l'exercice, si vous étudiez le style dans les auteurs pendant demi-heure jusqu'à quarante ans, les trois heures des chefs-d'œuvre : quatre ou cinq heures seront suffisantes. Quand les circonstances demanderont impérieusement que vous livriez vos productions au public dans le plus bref délai, vous suspendrez alors toutes vos études, excepté celle de l'Écriture Sainte, et vous consacrerez huit, dix heures à l'ouvrage que vous aurez hâte de finir et de publier.

La méditation que vous ferez de votre sujet avant de l'écrire ne devra pas être bornée au temps seul donné à la composition. Vous penserez à votre sujet, sans doute non pas avec la même attention, mais avec la volonté pourtant d'en trouver le plan et le développement, et durant vos repas, et durant vos promenades; le soir avant de vous endormir, le matin à votre réveil;

et, vous le remarquerez, les idées les plus profondes, les divisions les plus vraies et les plus naturelles vous viendront alors que vous y penserez le moins. De manière que, dans votre méditation, il y aura deux temps bien marqués : celui où avec votre esprit vous travaillerez à votre sujet, et celui où votre esprit seul en quelque sorte le méditera.

Devrez-vous vous astreindre à ne consacrer à la composition que le temps indiqué par votre règlement, de manière à ce que, si l'inspiration vous saisit au milieu d'un autre travail, vous ne le suspendiez pas pour écrire les idées qui vous viennent, pour vous prêter au souffle qui vous pousse et vous entraîne ? Vous ne devez pas suspendre votre travail pour vous livrer à la composition, quand ce n'en est pas le moment ; et jusques à quarante ans votre sévérité sur ce point devra être grande. Après quarante ans même, vous multiplierez, si vous le voulez, les heures destinées à la composition, mais vous ne ferez ce travail qu'aux heures indiquées. Et la raison ? C'est parce que vous prêter à la composition en dehors du temps que j'ai marqué, ce serait interrompre souvent vos autres études, et cesser d'acquérir la science qui vous manquera encore ; ce serait, de plus, vous fatiguer et vous rendre malade ; car rien ne fatigue, n'irrite le système nerveux comme la composition et ne rend malade comme elle. Notez les idées qui vous viennent, que vous croyez devoir vous être utiles ; mais qu'un mot suffise pour les indiquer et vous les rappeler quand vous aurez besoin d'elles. Vous seriez dans un désarroi extrême, surtout avant quarante ans, si vous ne vous montriez inflexible pour l'observation de ce point de votre règle.

Voilà pour le temps que vous consacrerez à la composition. Quel ordre suivrez-vous ? Méditer un sujet avant de le traiter, c'est là une chose essentielle. Car, pour bien présenter un sujet, lui donner le développement nécessaire, il faut le dominer, en être le maître; or, comment dominerez-vous votre sujet et le possèderez-vous, si vous ne l'étudiez et ne l'approfondissez pas ?

Si la méditation est pour vous un travail difficile et pénible ; si votre attention mobile ne peut se prêter que peu de temps à la réflexion, que ferez-vous ? Prenez la plume et écrivez. Combien d'hommes dans ce siècle, où l'accroissement de la civilisation a développé la sensibilité du système nerveux, ne peuvent méditer qu'en écrivant ! Si vous ne pouvez réfléchir que la plume à la main, prenez donc votre plume et écrivez. Vous traitez ainsi une première fois votre sujet, l'étudiant et le méditant : brûlez ensuite ce premier jet et exercez-vous alors à tracer un plan que vous suivrez.

Pour ceux qui peuvent méditer, étudier et approfondir un sujet à loisir, qu'ils y réfléchissent, qu'ils l'envisagent pendant longtemps et sous tous les points de vue ; qu'ils écrivent, s'ils le veulent, leurs réflexions selon l'ordre dans lequel elles se présenteront à l'esprit ; puis, qu'ils fassent le plan, se servant de ce qu'ils ont écrit si c'est nécessaire.

Mais ces premiers jets, avant que votre plan ne soit arrêté, ne seront faits qu'au commencement ; à mesure que vous composerez, vous prendrez l'habitude de la méditation, et vous tracerez un canevas avant de vous livrer à l'inspiration. Puis il n'est pas toujours aisé de transporter, avec des liaisons naturelles, dans ce que vous écrivez sous le souffle d'une inspiration heureuse, les réflexions que vous avez notées avant de tracer le plan.

Ainsi vous étudierez le sujet, ensuite vous en écrirez le plan. Devrez-vous faire un plan détaillé ? Non, qu'il vous suffise d'indiquer les divisions principales ou bien les principales idées à développer ; voici pourquoi : consacrant peu d'heures à la composition, vous mettrez un mois, ou deux mois, ou bien trois mois à traiter un sujet ; or, votre esprit travaillant sans cesse, que vous le vouliez, que vous ne le vouliez pas, et cherchant des raisons, des développements, il vous donnera pendant ce temps tous les détails nécessaires que vous n'aurez pu trouver dans deux ou trois jours consacrés à la méditation proprement dite. De plus, arrêtant chaque soir ce que vous devrez écrire le lendemain matin, les réflexions que vous ferez en vous déshabillant, avant de vous endormir, et surtout le travail de l'esprit durant le repos de la nuit, vous fourniront les détails et une ample matière pour chaque jour.

Pour ne point oublier les divisions secondaires, les idées et les développements qui vous viendront, ayez un cahier pour le canevas. Vous écrirez sur la première page le plan général, sur la seconde et les suivantes, mais sur le verso seulement, les principales idées à développer chaque jour ; vous mettrez sur le recto en face tous les développements que vous trouverez, les passages des auteurs que vous lirez, qui se rapporteront à votre sujet et que vous croirez devoir vous être utiles.

Vous aurez aussi continuellement sur vous du papier blanc et un crayon, afin de noter les idées qui vous viendront, qui surgiront dans votre esprit durant vos repas, vos récréations et vos promenades.

Enfin, quand le moment sera venu, moment solennel, de prendre votre papier et votre plume, vous invoquerez Dieu, l'ange de la littérature, et vous vous livrerez à l'inspiration. Dans les commencements, alors que vous serez encore jeune, ou bien encore en commençant un ouvrage, un chapitre, il arrivera que vous serez froid, que les idées tarderont à venir, que vous aurez de la difficulté à vous exprimer, que vos phrases seront mal coupées, incorrectes ; lisez alors une page ou un chapitre de Bossuet, du *Télémaque*, d'Homère, de Démosthène : l'inspiration ne tardera pas à paraître. Il en est de l'esprit de l'homme comme d'une machine à vapeur. Pour qu'une machine puisse marcher, il faut qu'il y ait de la pression dans le réservoir de la vapeur. Un peu de vapeur ne suffit pas, une machine ne peut marcher sans pression ; de même on ne peut écrire sans fièvre, sans émotion, sans transport. La lecture d'un écrivain de génie, qui a communiqué à ses paroles un feu qu'elles conservent à travers les siècles, fera vibrer votre âme, lui donnera de la chaleur, du mouvement et de l'enthousiasme. Alors prenez votre plume, que vous avez jetée peut-être dans un mouvement de colère, vous écrirez sans peine avec le plus beau style les phrases les plus correctes, les plus claires et les plus animées.

Je ne m'arrêterai pas à vous dire que vous devez être toujours le maître de votre inspiration ; qu'elle ne doit point vous faire oublier le plan que vous vous êtes tracé : l'exercice pour apprendre à écrire vous aura donné la facilité et l'habitude de suivre avec ordre vos idées, de les développer comme il convient, de les lier entre elles, sans vous égarer jamais dans votre marche.

Je ne dois pas oublier de vous recommander avec soin d'écrire lisiblement, alors même que vous serez le plus emporté par l'inspiration. Car si vous écrivez d'une manière illisible, il vous faudra composer de nouveau : quel ne sera pas alors votre ennui et votre dégoût ! quel temps nè perdrez-vous pas ! Si vous ne pouvez lire votre premier jet qu'imparfaitement, comment ferez-vous pour le corriger ? il vous faudra recopier pour corriger. Je dis qu'il est difficile de parvenir à écrire lisiblement durant l'inspiration, quand on a un système nerveux très-irritable ; mais vous vaincrez cette difficulté, en vous efforçant de bien former vos lettres, d'arrêter un peu votre main et votre plume après chaque mot ; Virgile n'a-t-il pas dit :

Labor improbus omnia vincit :

la volonté énergique et constante triomphe de tous les obstacles et de toutes les difficultés ?

Un moyen pour écrire lisiblement est de supposer que ce que vous écrivez doit être mis entre les mains de l'ouvrier imprimeur. Quand vous faites une lettre, vous tâchez, n'est-ce pas, d'écrire lisiblement, afin que l'on puisse vous lire, surtout si vous adressez votre lettre à un étranger ou à un supérieur ; de même, vous écrirez lisiblement quand vous supposerez que votre cahier doit, de vos mains, passer dans celles de votre imprimeur.

La lenteur avec laquelle vous confierez vos idées au papier, afin d'écrire lisiblement, loin de nuire à l'inspiration, la rendra plus forte et d'une durée plus longue ; de plus, il vous sera plus facile de suivre l'ordre naturel des idées, de leur donner le développement nécessaire, de lier vos phrases, de trouver des transitions et des conclusions.

J'ai terminé ce que j'avais à dire touchant la composition, j'arrive à la correction.

CHAPITRE III

DE LA CORRECTION

Pourquoi faire de la correction la matière d'un chapitre ?

Quelque grand que soit le génie de l'écrivain, il ne peut faire dans un premier travail une œuvre irréprochable. Quel n'était pas le génie d'Homère ? Et cependant il est dans ses poëmes, dans son *Odyssée* en particulier, des endroits qu'il aurait dû revoir et retoucher. N'a-t-on pas dit de Démosthène que ses discours sentaient l'huile, à cause des longues veilles qu'il avait consacrées à les corriger ? c'est de là qu'est venu le proverbe que, pour écrire des chefs-d'œuvre, il faut user plus d'huile que de vin : *Plus olei quam vini.* Feuilletez les manuscrits des grands écrivains de notre langue, vous les trouverez pleins de ratures ; tel est le *Télémaque* de Fénelon. Pourquoi Boileau a-t-il dit :

> Vingt fois sur le métier remettez votre ouvrage,
> Polissez-le sans cesse et le repolissez ;
> Ajoutez quelquefois, et souvent effacez ?

c'est parce qu'il savait, ce grand maître dans l'art de
dire, qu'on ne peut faire une œuvre achevée dans un
premier travail, et qu'il est nécessaire de revenir sur
son premier jet, de le corriger et de le recorriger.
Horace donnait le même conseil aux écrivains de son
temps, quand il leur disait :

> *Sæpe stylum vertas, iterum quæ digna legi sint
> Scripturus.*

Sers-toi souvent du grattoir ; corrige et recorrige,
afin que ton livre soit digne d'être lu. Le style était
un poinçon avec lequel les Anciens écrivaient sur des
tablettes de cire. Il était terminé à une extrémité par
une pointe, à l'autre par une sorte de grattoir avec
lequel on effaçait l'empreinte déjà faite et que l'on
voulait changer. Virgile ne recommanda-t-il pas en
mourant de brûler *l'Énéide* ? Pourquoi cela ? Parce
qu'il n'avait pas eu le temps de la remettre vingt fois
sur le métier.

Ainsi, nos œuvres sont d'abord imparfaites, et nous
devons, par un travail opiniâtre, en les polissant et les
repolissant, enlever leurs défauts et ajouter les qualités
qui leur manquent. Plus on fait de progrès dans l'art
d'écrire, et plus on compose d'une manière achevée ;
mais quelque génie que l'on ait, quelque habile que
l'on soit, il faut revenir sur son premier jet afin de
le corriger.

La correction est donc nécessaire : elle est importante et essentielle surtout pour les commençants. Car,
plus on revoit et l'on corrige son premier jet, et plus on
apprend à écrire avec moins de fautes et de défauts. En
sorte que si vous avez le soin de corriger vos premiers

ouvrages avec une attention scrupuleuse, vous aurez peu de chose à faire pour corriger ensuite ceux que vous composerez.

Quand devrez-vous faire les corrections ? Sera-ce chaque jour, corrigeant le soir ce que vous aurez écrit le matin ? Telle était la méthode que suivait Virgile : il composait le matin trente ou quarante vers, qu'il corrigeait durant le reste de la journée. Devrez-vous corriger seulement quand votre ouvrage sera entièrement terminé ?

Je ne vous conseille pas d'imiter Virgile en cela, et, comme lui, de corriger le soir ce que vous aurez composé le matin ; car il me semble que l'esprit est mieux disposé pour la composition, s'il fait ce travail seul. Composant tous les jours, votre inspiration, alors que vous cessez d'écrire, durant encore en quelque manière, quand le lendemain vous reprenez la plume pour continuer votre sujet, elle a bientôt le degré et la force de la veille ; ce qui n'arriverait pas si à l'inspiration du matin vous faisiez succéder la raison froide, le jugement sévère de la correction. La correction, en effet, est une œuvre de détails ; elle va lentement, elle est minutieuse. Telle n'est pas la composition, qui le plus souvent ressemble au torrent rapide qui descend des montagnes. Quand Boileau recommande de mettre son ouvrage vingt fois sur le métier, il suppose qu'il est achevé : je suis donc d'avis que l'on ne corrige que lorsqu'on aura fini de composer.

Il serait bon, pour corriger, sans s'égarer au milieu de mille papiers, et aussi afin de ne point perdre du temps à transcrire le tout, de n'écrire en composant que sur le verso d'un cahier de dix centimes ; on mettrait les corrections sur le recto en face : s'il ne suffisait pas, on pourrait coller du papier sur le verso, aux endroits que l'on retrancherait.

J'ai dit que, pour la composition, on devait avant de commencer, si l'on ne se sentait pas inspiré, lire un chant d'Homère, à l'exemple de Bossuet, ou un chapitre de la Bible, ou une harangue de Démosthène ; au lieu de la Bible, d'Homère ou de Démosthène, vous aurez sur votre table d'étude, quand vous corrigerez, dans le commencement surtout, votre grammaire française et le grand dictionnaire de Bescherelle.

Avant de vous livrer à ce travail important de la correction, vous ferez appel à votre raison froide, à votre jugement et à toute votre sévérité ; vous vous efforcerez aussi de supposer et de croire que l'œuvre que vous allez juger et corriger n'est pas la vôtre, mais celle de tel écrivain en particulier dont vous avez lu les écrits incorrects et sans style, écrivain qui s'est toujours attiré votre critique et votre blâme.

Vous aurez le soin, tant que ce travail durera, de dire le soir avant de vous endormir : Je veux corriger mon ouvrage impartialement ; je veux lui donner tout le poli dont il peut être susceptible, après en avoir corrigé les fautes et les défauts.

Ces précautions prises, vous lirez votre composition d'un trait, pour juger de l'ensemble. Cette lecture achevée, vous prononcerez si vous devez livrer votre travail au public ou bien le jeter au feu. Si vous arrêtez de le faire imprimer, vous en continuerez la correction de la manière suivante :

Après avoir lu une fois l'ouvrage, vous le lirez partie par partie, chapitre par chapitre, pour examiner si vous avez bien exécuté le plan ; si chaque partie, chaque chapitre, chaque article est bien marqué, s'ils ne rentrent pas l'un dans l'autre. Vous lirez une seconde fois votre ouvrage partie par partie, chapitre par chapitre, article par article, pour en retrancher les développements inutiles. Quelque beaux que soient ces développements, quelque attachement que vous ayez pour eux, vous devrez être inflexible : tout développement qui ne va pas au sujet doit en être retranché.

Vous lirez une troisième fois votre ouvrage, pour ajouter les développements qui manqueront. Car souvent dans la composition on a de la fécondité, souvent on est stérile ; il faut donc que la correction retranche le superflu et ajoute ce qui manque.

Cette lecture achevée, vous relirez votre manuscrit une quatrième fois, pour donner à vos idées, à vos phrases, à vos alinéas de la liaison quand ils n'en auront pas. Vous apporterez à ce travail le plus grand soin.

J'ai indiqué quatre lectures ; vous lirez une cinquième fois votre composition pour étudier la structure de la phrase, la correction, la propriété des termes, la ponctuation, l'orthographe : en sorte que vous lirez cinq fois chaque alinéa. Je dis cinq fois, je me trompe ; ce sera vingt ou trente fois que vous devrez lire votre travail, jusqu'à ce que vous en ayez corrigé les fautes et retranché les imperfections ; jusqu'à ce que vous ayez donné à votre style et à vos phrases une construction régulière, de l'élégance, de la grâce, de l'harmonie.

Ainsi, il sera nécessaire au commencement, de revoir vos écrits dix, vingt, trente fois. Mais au bout de peu d'années, ce travail sera moins long et vous aurez peu de corrections à faire; vous mettrez l'orthographe et la ponctuation d'une manière mécanique; vous vous étonnerez de la propriété de vos termes, de la correction de vos expressions, alors que vous n'y apporterez aucune attention; souvent vous rencontrerez plusieurs pages de suite où vous n'aurez rien à changer. Le travail constant, opiniâtre, le soin que vous aurez de mettre vos premiers ouvrages vingt et trente fois sur le métier, vous feront obtenir cet heureux résultat.

Le dictionnaire de Bescherelle vous fera juger des expressions sur la correction desquelles vous douterez. Quand vous ne pourrez savoir si votre expression est correcte, vous l'abandonnerez et la remplacerez par une autre. L'habitude d'écrire et la lecture assidue des auteurs vous dispenseront bientôt d'avoir recours au dictionnaire; vous connaîtrez après peu de réflexions si votre expression est correcte ou si elle ne l'est pas.

C'est pour avoir négligé le travail matériel de la correction, pour n'avoir pas mis en pratique le conseil de Boileau, que des hommes doués du plus grand talent ont livré au public des ouvrages remplis d'incorrections. Or, un ouvrage mal écrit meurt en naissant. Qu'on le sache bien, c'est le style qui fait lire un livre; c'est le style, comme a dit Buffon, qui fait passer un ouvrage à la postérité.

Corriger peu ou point du tout ses écrits, c'est là le grand défaut de notre siècle. Revoir un ouvrage dix, vingt fois, demande de l'énergie, une attention soutenue; or, dans ce siècle de progrès matériel, où, comme je l'ai dit, le système nerveux, par suite du luxe, du raffinement dans la nourriture, des spectacles prolongés bien avant dans la nuit, des soirées folles qui ne finissent qu'à quatre ou cinq heures du matin; le système nerveux, dis-je, devient irritable de plus en plus, comment fixer le cerveau, arrêter pendant plusieurs jours, plusieurs mois, l'attention sur un même écrit pour le lire et le relire, le polir et le repolir. Quelque mobile que soit votre esprit, malgré toute l'irritabilité de vos nerfs, vous vous efforcerez de suivre le conseil de Boileau, vous corrigerez vingt et trente fois vos ouvrages et vos discours.

Mais si malgré vos efforts vous ne pouvez revoir vos écrits avec l'attention froide et raisonnée qui vous est nécessaire; si en relisant votre ouvrage vous vous sentez entraîné par l'intérêt, par l'inspiration, que ferez-vous? Dans cet état vous ne pouvez lire lentement, voir, réfléchir, examiner; que ferez-vous alors? Allez trouver un ami ayant du talent, écrivant bien, auquel par conséquent vous n'inspirerez pas de la jalousie, ou bien rendez-vous auprès d'un professeur de collége ou de séminaire, professant la seconde, la rhétorique ou la philosophie, et priez cet ami ou ce professeur de corriger avec vous votre manuscrit. J'ai dit plus haut qu'il était difficile de trouver un ami ou un inconnu capable de vous donner un conseil pour savoir si vous devez vous faire imprimer ou non; il vous sera moins difficile de trouver un ami ou une personne de votre connaissance pour corriger vos écrits.

Quand vous serez chez cet ami ou chez ce professeur qui consentira à vous rendre ce service important, voici l'ordre que vous devez suivre : prenez votre manuscrit et lisez-le d'un trait, sans que ni vous ni lui ne fassiez de réflexions. Cette lecture achevée, vous renverrez la correction proprement dite au lendemain ou au surlendemain. À la seconde séance, ce sera votre ami ou votre professeur qui fera la lecture. Cette lecture devra être faite lentement, posément. Vous examinerez d'abord l'ensemble, la division, les grands développements, ce qui manque, ce qui doit être ajouté ou retranché. Une seconde lecture sera faite par votre ami pour juger des alinéas et des phrases en particulier.

Votre ami tiendra la plume, émettra son sentiment, vous émettrez aussi le vôtre; s'il est plus âgé, plus instruit que vous, vous aurez de la déférence pour ses avis, vous vous laisserez convaincre et persuader; dans le doute, vous jugerez en dernier ressort. Vous consulterez Bescherelle, qui vous dira souvent de quel côté est la vérité.

Je désire beaucoup que vous ayez un ami, ou que vous trouviez un professeur capable de corriger avec vous vos écrits, du moins durant les premières années que vous vous ferez imprimer; car, quand vous aurez écrit pour le public pendant trois ou quatre ans, vous suffirez seul à ce travail.

Vous me dites : Mais si je n'ai point un ami capable de corriger avec moi mes ouvrages, si je ne puis ou n'ose pas aller trouver un professeur, que devrai-je faire? Ne laissez pas que d'écrire et de vous faire imprimer; surmontez votre vivacité; allez trouver un médecin pour qu'il vous donne des remèdes pour apaiser votre sensibilité nerveuse; prenez des bains; commandez à votre esprit de vous obéir et de se prêter au travail de la correction. C'est ici le lieu de redire le vers de Virgile :

Labor improbus omnia vincit.

CHAPITRE IV

DE L'IMPRESSION

En commençant la troisième partie, j'ai montré que c'était un devoir, pour celui qui a du talent, de la science et du style, de composer des ouvrages et d'écrire pour le bien et l'utilité de ses semblables. Je vais montrer, en abordant ce chapitre, combien il est important pour lui-même de se faire imprimer.

Il y a une très-grande différence entre un écrivain qui livre ses ouvrages à la publicité, et celui qui les laisse languir dans les tiroirs de sa table d'étude. Car celui qui fait imprimer ses écrits les corrige nécessairement ; il apporte à ce travail une attention scrupuleuse ; s'il a exprimé de belles idées, il ne veut pas qu'elles soient défigurées par le style. Celui qui ne se fait pas imprimer n'est guère porté à mettre ses ouvrages vingt fois sur le métier ; il les corrige peu, et jamais de manière à faire disparaître leurs défauts et à rendre leur style irréprochable.

De plus, vos amis, vos connaissances, lisant vos livres, peuvent vous en faire la critique, vous montrer tel défaut que vous n'aviez pas vu et que vous éviterez désormais.

Un autre avantage important que l'impression procure, c'est de donner à l'écrivain je ne sais quelle force, quelle grandeur, quel empire, qui ajoutent à l'intelligence, au génie, et lui font dominer davantage un sujet et le traiter avec plus de facilité et une éloquence plus grande.

Cet avantage que l'impression donne à l'écrivain est important ; il en existe un autre plus considérable encore. L'impression a un grand avantage pour l'âme de l'homme qui a un vrai talent. Car si les riens qu'un talent médiocre produit remplissent son âme de vanité, les œuvres grandes et sérieuses qu'enfante l'homme qui a un vrai talent font croître sa modestie et son humilité. Comment cela ? Parce que plus un homme acquiert de vrais titres à l'admiration de ses semblables, plus il s'élève par ses talents et ses mérites au-dessus d'eux, et moins il fait appel aux ressorts de la vanité et de l'orgueil pour poser et se faire valoir. Le lierre, pour s'élever, a besoin de s'attacher à l'arbre, parce qu'il est faible ; le cèdre s'élève seul vers le ciel, rejetant bientôt le tuteur qu'on lui avait donné, parce qu'il a de la force et de la vigueur. Il en est ainsi de l'homme qui a un vrai talent. Il faut à l'homme médiocre des louanges : si on ne les lui donne pas, il les demande, il les mendie ; il distribue des dignités et des places à ceux qu'il sait devoir le flatter. L'homme supérieur repousse les louanges par modestie ; il impose même silence à ceux qui le louent. Il se connaît, il sait ce qu'il vaut ; son talent, ses œuvres rayonnent autour de lui, comment ne s'indignerait-il pas contre le courtisan méprisable qui par intérêt, par vanité ou par faiblesse, vient s'avilir à ses pieds pour l'honorer. De plus, l'homme élevé par son talent et ses œuvres est humble et modeste, parce qu'il sait combien la vanité et l'orgueil sont dignes de mépris et sont coupables, et surtout parce qu'il connaît sa bassesse et son néant.

Que n'aurais-je pas encore à dire sur les avantages de l'impression ! Je reviens à mon canevas. Quand vous aurez arrêté de donner votre manuscrit à l'imprimeur, à moins qu'il ne soit lisible et que les corrections ne soient bien indiquées, vous devrez le transcrire, ou mieux le faire copier par un écrivain public. Il est nécessaire que l'ouvrier imprimeur, qui est sujet, comme tout homme, à des distractions, lise facilement votre ouvrage, afin qu'il fasse moins de fautes.

A mesure qu'un certain nombre de pages de votre manuscrit seront composées, l'imprimeur vous en enverra les épreuves, feuille par feuille le plus souvent, afin que vous revoyez votre ouvrage une fois encore et que vous releviez les fautes d'imprimerie. Vous indiquerez les corrections sur la marge. Pour ce que vous croirez devoir changer à votre écrit, vous devrez être très-sobre ; car quel travail n'occasionneriez-vous pas à l'ouvrier imprimeur ? Puis, comme l'imprimeur n'envoie ordinairement les épreuves qu'une fois, vous vous exposeriez à ce que l'édition renfermât beaucoup de fautes. Je crois donc que vous devrez vous borner à corriger les fautes et les incorrections.

S'il est dans votre nature de retoucher sans cesse ce que vous écrivez ; donnez vos épreuves à quelqu'un d'instruit, afin qu'il les corrige.

A combien d'exemplaires ferez-vous tirer vos ouvrages ? A moins que vous n'ayez une dignité, que vous soyez connu et que vous comptiez, sans vous faire illusion, sur un grand débit, faites tirer vos premiers ouvrages à un petit nombre d'exemplaires, cinq ou six cents. Un livre dont on ne connaît pas l'auteur comme écrivain se vend peu ; un livre dont on connaît l'auteur, mais qui débute, se vend peu aussi : on nie son talent et son habileté ; on s'étonne qu'il ait eu l'audace de se faire imprimer, on le blâme et l'on n'achète pas son livre. Le débit augmente en proportion du talent qui se développe et avec le nombre des ouvrages.

Je dois ajouter que ce qui précède touchant la vente des ouvrages qui augmente en proportion du talent de l'auteur, c'est la règle générale : que d'exceptions à cette règle ! que de talents méconnus ! que de livres de vrais chefs-d'œuvre dédaignés, méprisés, que les libraires ne peuvent vendre ! Thomas a dit dans l'éloge de Descartes : « Avec ses sentiments, son génie et sa
» gloire, il dut trouver l'envie à Stockholm, comme
» il l'avait trouvée à Utrecht, à la Haye et dans Ams-
» terdam. L'envie le suivait de ville en ville et de
» climat en climat. Elle avait franchi les mers avec lui ;
» elle ne cessa de le poursuivre que lorsqu'elle vit
» entre elle et lui un tombeau. Alors elle sourit un
» moment sur sa tombe et courut à Paris, où la renom-
» mée lui dénonçait Corneille et Turenne.

» Hommes de génie, de quelque pays que vous soyez,
» voilà votre sort. Les malheurs, les persécutions, les
» injustices, le mépris des cours, l'indifférence des
» peuples, les calomnies de vos rivaux, ou de ceux qui
» croiront l'être, l'indigence, l'exil, et peut-être une
» mort obscure à cinq cents lieues de votre patrie,
» voilà ce que je vous annonce. »

Qu'on ne dise pas que Thomas exagère ; qu'on lise l'histoire, et l'on verra que ce qui précède n'arrive que trop souvent.

Pour que vos livres se vendent, je ne vous conseille pas de recourir aux moyens peu honnêtes qu'emploient une foule d'écrivains de ce siècle. Si vous avez du talent, si vous avez étudié sérieusement, si vous ne donnez vos écrits au public qu'après les avoir mis vingt fois sur le métier, enfin si Dieu défend à l'envie de vous persécuter, votre renommée s'étendra peu à peu, et vous augmenterez le nombre d'exemplaires, qu'on se hâtera d'acheter. Quelques prospectus, dans lesquels vous mettrez le titre de l'ouvrage et le nom du libraire seulement, suffiront pour apprendre au public que vous avez composé et fait imprimer tel livre.

En faisant imprimer vos premiers ouvrages, comme je l'ai dit, à cinq ou six cents exemplaires, il vous faudra peu d'argent pour payer l'imprimeur. Vous en retirerez nécessairement très-peu ; pour qu'ils se vendent, leur prix devra n'être pas élevé, et vous devrez accorder aux libraires à qui vous les donnerez en dépôt le trente ou le cinquante pour cent. Vous aurez lieu d'être satisfait, si vous retirez l'argent que vous aurez avancé pour les frais d'impression. Si vous faites quelques bénéfices, je vous conseille de donner une partie de cet argent aux pauvres, pour remercier Dieu de vous avoir accordé du talent, et surtout de vous avoir donné la force et la constance pour le cultiver.

Aussitôt que l'imprimeur vous enverra les cinquante premiers exemplaires, vous ferez hommage de votre livre à vos parents, à vos supérieurs, à vos amis, à vos connaissances ; c'est là un devoir pour vous.

Devez-vous attendre pour penser à un autre ouvrage que celui que vous venez de composer soit imprimé ? Non, vous devez, avec l'exactitude la plus scrupuleuse, méditer un sujet, l'écrire ou le corriger tous les jours, durant cinq heures, afin que votre facilité pour écrire soit toujours la même : donc, après avoir donné votre manuscrit à l'imprimeur, méditez et composez de nouveau. Il est probable que, tandis que vous achèverez d'écrire un ouvrage, votre esprit vous donnera le sujet de plusieurs autres, vous forcera même à les méditer et à en tracer le plan dans vos moments de loisir; en sorte que vous saurez quels livres vous écrirez durant l'année qui commence, les années suivantes, et le nombre de mois que vous consacrerez à chacun d'eux; ainsi, comme vous le voyez, vous ne laisserez passer aucun jour, ceux de vos vacances exceptés, sans composer ou corriger.

Si votre esprit est actif, vous ne pourrez même vous empêcher d'arrêter bien longtemps à l'avance les ouvrages que vous voudrez écrire; malgré vous vous les méditerez, vous en chercherez et en trouverez le plan, avec les divisions et les idées principales, et vous aurez assurément du plaisir à traiter ainsi plusieurs sujets à la fois. Chaque sujet aura son cahier, sur lequel vous noterez tout ce qui vous viendra et tout ce que vous croirez devoir prendre dans les auteurs que vous lirez.

Ce travail incessant de votre esprit ne devra pas vous étonner. Car, de même que plus vous étudierez et plus votre science augmentera et votre fécondité deviendra grande, de même plus votre intelligence et votre imagination seront exercées, et plus votre esprit deviendra actif, entreprenant, pourvoyeur. Votre esprit sera comme l'ouvrier qui cultive la vigne du propriétaire et la rend féconde, ou bien comme l'arbre fruitier que l'on cultive pour vous avec soin, et qui, durant que vous faites un autre travail ou que vous vous reposez, produit des fruits beaux, suaves et abondants.

C'est ici la fin de la dernière partie ; avant de passer à l'appendice, je vais dire un mot de ce que l'on a appelé *l'ange de la littérature.*

Il existe des hommes doués de talent, mais qui, ayant peu étudié, ont laissé leur esprit s'engourdir, et sont devenus ignorants et paresseux. Quand ces hommes parlent en public ou quand ils écrivent, ils emploient des termes qui non-seulement sont impropres, des expressions non-seulement incorrectes, mais qui prêtent encore on ne peut plus au ridicule ; mots impropres ou à double sens, expressions incorrectes qui courent la ville, la province, et se transmettent parfois de génération en génération. Pourquoi ces hommes trouvent-ils ainsi sur leurs lèvres, pourquoi leurs plumes écrivent-elles ainsi des mots, des expressions qui prêtent tant à rire ? C'est un mauvais instinct, probablement la crainte de se tromper, de mal s'exprimer, qui leur fait employer ces expressions ; on peut appeler cet instinct, cette crainte, *le mauvais génie de la littérature.*

L'homme de talent qui étudie n'est point le jouet de ce mauvais génie de la littérature. Au contraire, au commencement surtout quand il compose, alors qu'il s'efforce d'écrire correctement et d'une manière irréprochable, souvent au milieu de ses repas, de ses promenades, le matin en s'éveillant, durant les insomnies de la nuit, comme si une flèche frappait son front et pénétrait dans son esprit, il voit tout à coup dans ce qu'il vient d'écrire deux idées sans liaison, une phrase mal construite, un terme qu'il faut changer, une expression qu'il faut corriger ; faute, incorrection qu'il n'avait point aperçues dans un examen sévère et répété ; et il court à son cabinet, il va à la poste pour redemander la lettre et corriger ce qu'il a écrit de défectueux. Quelquefois on aura omis une phrase essentielle en transcrivant une lettre ; la lettre est faite, mise sous enveloppe, jetée à la poste : tout à coup la pensée vous vient que vous avez omis cette phrase, et vous vous hâtez de réparer cette omission. Comment cela se fait-il ? Je ne sais pas. Quelle est la cause de cet instinct précieux ? Je l'ignore. Cet instinct, c'est là ce que l'on a appelé *l'ange de la littérature.*

Quand l'ange de la littérature vous enlèvera à votre sommeil, à vos repas, à la société de vos amis, au charme qui inonde votre cœur dans une campagne agréable, remerciez-le, ou plutôt remerciez Dieu qui permet que vous aperceviez la faute ou l'omission, tandis qu'il est temps encore d'y remédier.

Voilà l'instinct qui existe chez l'homme d'étude, instinct que l'on a appelé avec raison *l'ange de la littérature.* Pour que cet ange veille sur vos compositions, il suffit que vous cultiviez votre talent, et que vous ayez la volonté arrêtée d'écrire avec correction et agréablement. Quand votre diction sera irréprochable, et que son secours ne vous sera plus nécessaire pour le style, il ne s'éloignera pas, car il a auprès de vous une autre mission à remplir ; il restera là, à votre droite, auprès de votre table d'étude ; il vous suivra dans vos promenades comme l'ombre suit votre corps ; il veillera au chevet de votre lit le soir, le matin, pendant

voŝ insomnies, continuant à vous inspirer d'écrire tel
ouvrage, vous en donnant le plan, les divisions, ou bien
vous présentant l'idée que vous aviez cherchée en vain
durant vos méditations de la veille.

APPENDICE.

Aux raisons qui ont été données dans ce livre, touchant tout ce qui peut déterminer un auteur à étudier pour procurer la gloire de Dieu et le salut du prochain, j'ajouterai les réflexions suivantes :

Que d'hommes, sur la terre, lorsqu'ils s'élèvent au-dessus de leurs semblables, sentent les fumées de l'orgueil leur monter à la tête, voient leur amour propre grandir et avec lui se développer tous les autres vices! Alors ils méconnaissent Dieu, ils tyrannisent leurs semblables, ou s'ils n'ont pas d'autorité sur eux, ils les affligent par leurs grands airs suffisants et leurs conversations pleines de fierté et de malice ; enfin, ils s'abandonnent à leurs passions mauvaises et se perdent le plus souvent sans retour.

Quelle conduite un écrivain qui vient de livrer au public son premier ouvrage, qui reçoit des éloges marqués au coin de la vérité, doit-il tenir envers Dieu, envers ses semblables, envers lui-même ? c'est ce que je vais essayer de dire en quelques mots.

Un auteur qui voit sa réputation naître et puis se répandre, doit-il oublier Dieu et rapporter à lui-même l'honneur, la louange et la gloire, qui ne sont dus qu'au Créateur ? Je pourrais donner mille raisons tirées de l'Écriture Sainte, pour prouver que l'écrivain, à mesure que sa réputation augmente, doit s'efforcer de faire croître sa piété et son amour pour Dieu ; doit lui rapporter tout l'honneur, toutes les louanges, toute la gloire que son talent et son éloquence lui attirent : je ne citerai que deux ou trois paroles empruntées à nos livres saints, pour prouver ce devoir sacré de l'écrivain.

S' Paul a écrit dans sa première épître aux Corinthiens ces paroles, que j'ai déjà rapportées, si propres à étouffer l'orgueil et la vanité de ceux que leurs ouvrages enflent et élèvent. Qu'avez-vous, dit S' Paul aux Corinthiens, que vous n'ayez reçu de Dieu? Et si tout ce qu'il y a en vous de bien vous a été donné par Dieu, pourquoi vous enorgueillissez-vous comme si vous n'aviez rien reçu? *Quid habes quod nos accepisti? Si autem accepisti, quid gloriaris quasi non acceperis?*

Voilà les paroles que S' Paul adressait aux Corinthiens et aux fidèles de tous les temps. Si tout ce que vous avez, dit-il, vous vient de Dieu, louez-le, remerciez-le ; si vous vous glorifiez en vous ; si vous tirez vanité des dons qui vous ont été donnés, de votre talent, de votre intelligence, comme si vous ne les aviez point reçus, quelle n'est point votre folie et votre aveuglement !

Mais l'écrivain qui a travaillé jour et nuit pendant dix ou quinze ans, et qui, après les plus grands travaux, a rendu son talent fécond, n'a-t-il pas droit à la gloire humaine, aux applaudissements que son éloquence soulève? Ne lui est-il pas permis de se glorifier en lui ? Sans doute le talent qu'il a, il l'a reçu de Dieu ; mais ne l'a-t-il pas fait fructifier par ses travaux et par ses veilles? N'a-t-il pas renoncé aux plaisirs les plus innocents, à sa jeunesse, à sa santé ?

Je pourrais répondre d'abord que l'homme étant sur la terre pour aimer Dieu et remplir la mission pour laquelle il a été créé, si sa mission est d'instruire les autres, c'est un devoir pour lui d'étudier; qu'au jour du jugement Dieu lui demandera un compte sévère de son talent et de ses travaux : *Redde rationem villicationis tuæ;* et que par conséquent il ne doit pas et ne peut pas se glorifier des travaux et des fatigues qui sont pour lui une obligation, pour lesquels il serait puni éternellement s'il ne les faisait pas et s'il ne les endurait pas.

Mais je nie que dans les travaux les plus rudes et les plus pénibles, que dans les veilles prolongées pour développer son talent, acquérir la science et apprendre à écrire, il y ait dans l'homme d'étude quelque chose de lui, dont il puisse se glorifier. Car les paroles de Sᵗ Paul s'appliquent à tous les biens qui se trouvent en nous; si ses paroles n'eussent été point générales, elles n'auraient pu convaincre les Corinthiens; ils auraient répondu : C'est Dieu qui nous a donné le talent, la fortune, la grâce en particulier de nous convertir; mais nos travaux, mais nos efforts pour combattre en nous le démon et les passions et acquérir la vertu, ne sont-ils pas à nous? N'est-ce pas là notre bien, et ne nous est-il pas permis de nous glorifier à cause de lui? Voilà ce que les Corinthiens auraient répondu à Sᵗ Paul : ils reçurent sa lettre avec soumission, parce qu'ils comprenaient que tout ce qu'ils possédaient, tout ce qu'ils avaient opéré et opéraient de bien leur venait de Dieu.

Et cette doctrine de Sᵗ Paul a été enseignée par Sᵗ Thomas dans plusieurs endroits de sa *Somme*, comme je l'ai remarqué plus haut. Quand l'Ange de l'École, en parlant des hommes, dit que Dieu leur donne l'être, la puissance et l'opération : *Dans esse, virtutem et operationem*, ne prouve-t-il pas les paroles de l'Apôtre ; si Dieu nous donne l'être et la puissance ; s'il fait l'action en nous, sans léser sans doute notre liberté ; si c'est par lui que nous étudions, comme c'est par lui que nous vivons, qu'avons-nous que nous n'ayons reçu de Dieu ? nos travaux, nos efforts constants, nos veilles, appartiennent à Dieu, et c'est à lui à qui nous devons rapporter toute la gloire que nos semblables nous donnent pour notre talent et nos ouvrages.

Il est une considération plus capable de faire impression sur nous que celle qui précède. Pourquoi l'homme est-il obligé de travailler ? A cause du péché de notre premier père, péché que nous avons commis avec lui, car nous étions en lui, comme dit St Paul. Or, si notre travail est un châtiment juste et mérité que nous subissons, pourquoi en tirerions-nous vanité ? Pourquoi serait-il pour nous un motif de nous élever ? Quelque grand et quelque important que soit le travail qu'un galérien fait dans le bagne, il n'en tire pas vanité, il ne se glorifie pas devant ceux qui viennent le visiter et admirent ses ouvrages ; alors même qu'on le loue, il tient la tête baissée à cause de sa faute, que tout son travail, ses efforts et son talent ne peuvent faire oublier. Tels nous devons être. Quelque grands que soient les applaudissements que l'on nous donne ; quand de notre vivant on nous dresserait des statues sur les places publiques et dans les palais des rois, nous devons tenir les yeux baissés et prier ceux qui nous louent de cesser leurs louanges et leurs applaudissements, ayant présents à notre esprit notre bassesse et notre néant, pensant aux vers qui rongeront bientôt notre corps dans la tombe, pensant surtout aux fautes que nous commettons et aux imperfections sans nombre qui nous échappent tous les jours.

Vous me dites que votre vie est pure. Je le sais, ô vous, en particulier, prêtres du Seigneur; je sais que le péché ne souille point votre âme, et que vos bonnes œuvres sont nombreuses comme les étoiles du firmament; considérez alors la faiblesse de notre intelligence, qui ne peut faire un pas sans être arrêtée par les mystères qui, autour de nous, au dedans de nous, nous entourent et nous pressent de tous côtés. Vous ne commettez point le péché, je le sais, dis-je, mais vous ne laissez pas d'être prisonniers sur la terre, subissant le châtiment du travail pour le péché originel; vous ne devez donc pas vous glorifier dans ce que vous faites de bien, vous devez rapporter à Dieu la gloire que votre talent et vos ouvrages vous attirent.

Je serais infini si je voulais développer les preuves que la méditation de ce sujet me fournit; je termine par la citation d'une parole de N. S. Jésus-Christ, que je prends dans le sermon de la montagne. Dans ce sermon N. S. recommande à ceux qui l'écoutent de ne point imiter ceux qui font du bruit en faisant le bien afin d'attirer l'attention des hommes et être honorés par eux; pourquoi? parce que ceux qui font du bien pour s'attirer la gloire humaine, ont reçu leur récompense. Ainsi ceux qui cherchent à être honorés parmi les hommes reçoivent ici-bas leur récompense, et ils ne seront point admis dans le ciel après leur mort; c'est N. S. lui-même qui l'enseigne.

Que d'illusions parmi les hommes ! Quel aveuglement ! chercher un peu de gloire à travers mille peines et mille ennuis, et pour ce peu de gloire, le plus souvent donné par des hommes vils, sacrifier le ciel et se jeter dans l'enfer !

Celui qui se cherche lui-même au lieu de chercher la gloire qui appartient à Dieu seul, n'est point l'ami de Dieu, il en est au contraire l'ennemi : Dieu pourrait-il le recevoir avec lui dans le ciel, le placer au milieu de ses anges et de ses saints, et le combler de biens pendant l'éternité ? Que l'écrivain y songe donc ; qu'il ait sur les lèvres et dans le cœur ces paroles de S¹ Paul : *Soli Deo honor et gloria in sæcula sæculorum :* A Dieu seul l'honneur et la gloire dans les siècles des siècles ; *Mihi autem absit gloriari nisi in cruce Domini Nostri Jesu Christi :* Pour moi, je ne veux me glorifier que dans la croix de N. S. J.-C. ; qu'il répète cette autre parole si vraie : *Ego autem vermis et non homo :* non je ne chercherai jamais la gloire ; je renverrai à Dieu les louanges et les applaudissements que l'on me donnera, parce que je n'en suis pas digne : trop souvent le péché a souillé mon âme ! Et mon corps.... ne doit-il pas un jour cesser de vivre, être descendu dans la tombe et devenir la pâture des vers ? J'ai en moi la matière d'où naîtront les vers qui dévoreront mon corps, donc je puis dire en un sens que je ne suis pas même un homme, mais un vers de terre : *Ego autem vermis et non homo.*

Tels doivent être vos sentiments par rapport à Dieu. Comment devez-vous vous conduire envers le prochain ? C'est pour vos frères que vous écrivez autant que pour procurer la gloire de Dieu ; c'est pour les instruire et les attirer à Dieu ; or, vous n'obtiendriez pas ce but si tous vos actes n'étaient marqués au coin de la bonté, de la douceur et de la charité. Qu'il n'y ait donc pas en vous de la raideur et de la fierté. Plus votre talent se développe, votre style se forme, vos livres deviennent remarquables, plus ceux avec qui vous vivez doivent voir augmenter en vous les qualités que je viens de nommer.

Oh ! comme la bonté, la douceur, la charité, l'amabilité, l'égalité d'humeur, et surtout le doux sourire, qui est la seule réponse que l'on doit faire aux injures, aux calomnies, aux injustices et aux critiques amères, élèvent un écrivain, ajoutent à la beauté et à l'intérêt de ses livres ! Sans doute l'étude constante apprend à être doux et charitable, à pardonner ; mais l'écrivain ne doit pas laisser que de méditer souvent sur la conduite qu'il doit tenir envers ses semblables, pour qui il compose ses ouvrages.

Dans ses écrits il doit ménager ses frères, les reprendre avec douceur, leur prouver son amour. Il doit surtout s'efforcer de se montrer aimable envers eux, respectueux, se rappelant que celui qui a pour mission d'éclairer et d'instruire ses frères, est leur serviteur ; que c'est pour eux que Dieu lui a donné du talent et la force pour le cultiver. Combien d'écrivains, d'hommes élevés en dignité, ignorent cela ! parce qu'ils sont élevés au-dessus des autres par leur talent ou par la place qu'ils occupent, ils sont fiers, dédaigneux ; ils se croient des dieux ; ils veulent des louanges, de l'encens ; ils crient nuit et jour *affer, affer :* apporte, apporte, et leur colère est terrible contre ceux qui ne peuvent se résoudre à leur vendre leur dignité d'homme en s'avilissant à leurs pieds ! Combien grande est leur erreur ! car ils sont placés plus haut que leurs frères afin de mieux les servir. Le Souverain Pontife ne s'appelle-t-il pas *servus servorum Dei :* le serviteur des serviteurs de Dieu ? Ainsi l'écrivain est le serviteur de ses frères ; s'il les domine par ses talents, c'est afin d'être à même de leur être utile.

Je viens de dire comment l'écrivain doit se conduire en général envers ses semblables dans ses rapports avec eux ; comment il doit se conduire envers ses semblables, quand il écrit des livres dans son cabinet d'étude : je dois dire comment il doit se conduire, et envers ceux qui le louent et envers ceux qui le blâment injustement et censurent faussement ses ouvrages.

Envers ceux qui le louent, l'écrivain doit remercier avec modestie et brièvement, quand ceux qui applaudissent sont ses supérieurs ; il doit refuser, éviter les louanges de ses égaux ; il doit fermer la bouche à ceux qui dépendent de lui. Je sais qu'il est des occasions où la louange vraie est un devoir ; c'est là ce que prouve St Augustin dans un de ses sermons ; par conséquent recevoir cette louange vraie est un devoir aussi : mais quand la circonstance n'en fait pas une obligation, accepter, écouter la louange est un déshonneur et un crime. Cicéron a dit dans son livre *De Officiis : In secundis rebus cavendum est, ne assentoribus patefaciamus aures, nec adulari nos sinamus. In quo falli facile est : tales enim nos esse putamus, ut jure laudemur. Hinc nascuntur innumerabilia peccata.* Quand la fortune nous est favorable et nous élève au-dessus de nos semblables, prenons bien

garde de ne point prêter l'oreille à ceux qui nous applaudissent et nous exaltent; ne leur permettons pas
même d'ouvrir la bouche pour nous louer; car si nous
écoutons ceux qui nous flattent et nous louent, l'illusion s'empare bientôt de notre faible esprit, nous
croyons être tels qu'on nous dépeint et que l'on nous
chante : alors, hélas! que de vices sans nombre on
voit sortir de notre pauvre cœur! Sénèque a dit aussi :
Adulatoribus ne aures præbeas : Ne prêtez pas l'oreille
à ceux qui vous flattent. J'ajoute les paroles suivantes
que Spartian rapporte dans son livre de *Pescennius
Niger. Quum*, dit Spartian, *Pescennio Nigro imperatori
recens facto quidam panegyricum recitare vellet, dixit ei
Niger : Scribe laudes alicujus ducis optimi vita defuncti,
et dic quid ille fecerit, ut eum nos imitemur. Nam viventes
laudare irrisio est, maxime imperatores, a quibus aliquid
sperari aut timeri potest. Ego vero vivus placere volo,
mortuus etiam laudari :* Quand Pescennius eut été fait
empereur, un courtisan se présenta devant lui pour
lire une adresse de félicitation et faire son éloge. Non,
non, lui dit Pescennius, ne lisez pas. Écrivez les louanges d'un général illustre déjà mort et dites ce qu'il a
fait, pour que nous puissions l'imiter. Louer ceux qui
sont encore en vie, c'est là une dérision; surtout si
on loue les empereurs dont on a à craindre ou à espérer. Je veux faire ce que je dois pendant ma vie :
que l'on me loue après ma mort.

Telle devra être votre conduite, quand ceux sur qui
vous aurez de l'autorité voudront vous louer. Comment
devrez-vous vous conduire envers vos détracteurs?
S'ils parlent mal de vos écrits hors de votre présence,

laissez-les dire. S'ils censurent vos écrits devant vous, remerciez-les de leur critique, si leurs observations sont justes; si elles sont fausses, voyez ce qui a pu donner occasion à leurs fausses appréciations, et corrigez-vous s'il y a lieu : ne leur montrez pas de la mauvaise humeur; ne vous mettez pas en colère; ne vous abaissez pas jusqu'à les reprendre avec aigreur et à vous venger; contentez-vous de leur prouver qu'ils sont dans l'erreur, ou bien gardez le silence.

Mais ces critiques fausses, jalouses, mesquines et méchantes, vous affecteront peut-être; elles vous décourageront; elles vous feront croire que vous n'avez pas de talent, que vous n'en avez pas assez du moins pour faire des livres. Que devrez-vous faire alors? vous sentirez en vous-même que ces censures sont fausses, ne vous livrez donc pas au découragement; allez trouver un ami sincère, qui chassera la peine de votre cœur, qui vous éclairera sur votre talent, vos livres, votre manière d'écrire; ou bien lisez vos ouvrages, puis lisez Fénelon, et voyez si vous méritez que l'on vous baffoue, que l'on vous tourne en ridicule, et que l'on vous conseille de faire autre chose et de cesser d'écrire; enfin rappelez-vous l'émotion, les applaudissements, les louanges de celui qui n'est point jaloux de vous, et qui vous a remercié avec des paroles et un ton marqués au coin de la sincérité.

Voilà de quelle manière vous devrez vous conduire envers vos semblables. Comment devrez-vous vous conduire envers vous-même? Je vous ai recommandé la piété envers Dieu, la douceur et la bonté, l'amabilité et la condescendance envers vos semblables : envers

vous-même , vous serez simple ; simple et modeste en
public , simple et modeste en votre particulier ; simple et modeste dans vos habits, votre tenue, votre
démarche, vos gestes et vos paroles ; simple et modeste dans votre ameublement , votre table, dans
les soins que réclame le corps ; faisant par vous-
même tout ce qu'il vous sera possible de faire ; mettant
le soir vos papiers et vos livres chacun à sa place ;
n'obligeant pas votre domestique à se lever à trois ou
quatre heures du matin pour vous éveiller, allumer
votre lampe et éclairer votre feu.

J'ai lu ces jours-ci, dans l'*Éloge de Marc-Aurèle*, par
Thomas l'académicien, le passage que je vais transcrire ; ce passage fera certainement impression sur
mon lecteur ; il lui donnera l'émotion qu'il a fait naître
en moi et ajoutera à sa conviction. M. Thomas fait
parler sur la tombe de Marc-Aurèle le philosophe Apollonius :

« Placé entre des ennemis ardents et des peuples
» accablés, c'est sur lui-même, Romains, qu'il lève
» les impositions que vous n'auriez pu payer sans vous
» appauvrir. On lui demande où sont les trésors pour
» la guerre : « Les voici, dit-il, en montrant les meubles
» de son palais ; dépouillez ces murs ; enlevez ces sta-
» tues et ces tableaux ; portez ces vases d'or sur la
» place publique ; que tout soit vendu au nom de
» l'État ; que ces vains ornements qui servaient de déco-
» ration au palais des Empereurs, servent à la défense
» de l'Empire. » J'étais auprès de lui dans le temps
» qu'il donnait et qu'on exécutait ces ordres ; je parus
» étonné. Il se tourna vers moi : « Apollonius, me dit-il,

» eh quoi ! tu admires aussi comme le peuple ! Fau-
» drait-il donc, au lieu de ces vases d'or, faire vendre
» l'argile du pauvre, le blé qui nourrit ses enfants ? Mon
» ami, me dit-il un moment après, peut-être toutes ces
» richesses ont-elles coûté des larmes à vingt nations ;
» cette vente sera une faible expiation des maux faits
» à l'humanité. » Romains, ces appartements dépouil-
» lés, ces murailles presque nues avaient pour vous
» plus d'éclat et de grandeur que les palais d'or de vos
» tyrans. La maison de Marc-Aurèle, dans cet état,
» ressemblait à un temple auguste qui n'a d'autre or-
» nement que la divinité qui l'habite. » Voilà la parole
d'un philosophe païen.

Tels furent les sentiments de Marc-Aurèle, tel doit
être notre amour de la modestie et de la simplicité.
Il est inutile d'ajouter que cette simplicité et cette
modestie doivent être vraies, ne doivent point être
l'instrument d'un sot orgueil et pratiquées uniquement
par ostentation.

Je viens de donner un exemple emprunté à un païen.
Combien je me reprocherais d'avoir fini ce livre par
un fait emprunté à l'histoire profane ! Je vais donc
rapporter un exemple que me fournit la Rome chrétienne ; il agira plus puissamment encore sur l'âme de
mon lecteur : Un illustre cardinal romain, du nom de
Barberini, prince par sa naissance et par sa dignité,
voulut être enterré dans l'église des Pères Capucins,
de la place Barberini. Il marqua l'endroit où il voulait
être mis ; il indiqua quel il voulait que fût son tombeau. Après sa mort ses volontés dernières furent
exécutées. Quand on va visiter à Rome l'église des

Capucins de Barberini, on trouve au haut de la nef, touchant la marche qui sépare cette nef du chœur et en face du maître-hôtel, une pierre tombale, servant de pavé. Cette pierre est de travertin, elle n'a aucune sculpture. On y lit ces mots gravés en gros caractères :

Ci-gît de la poussière, de la cendre, rien.

C'est là le tombeau du cardinal Barberini, frère du pape Urbain VIII.

Que l'écrivain fasse écrire sur les murs de son cabinet d'étude ces trois mots : *Pulvis, Cinis et Nihil;* qu'il médite souvent ces paroles salutaires, et il aimera Dieu et le servira fidèlement; au milieu des applaudissements et des triomphes, il ne se glorifiera qu'en la croix de N. S. Jésus-Christ; il sera doux, bon et charitable; il sera modeste et simple, d'une modestie et d'une simplicité vraies.

Deo Optimo, Maximo;
necnon Beatæ Mariæ Virgini sine labe conceptæ.

FIN.

TABLE

TROISIÈME PARTIE

DES MOYENS SUBSÉQUENTS POUR ACQUÉRIR LA SCIENCE ET APPRENDRE A ÉCRIRE